丛书编委会

总　策　划：来新国　王文成

编委会主任：郭齐勇　周晓亮

编　　　委：来新国　陈知涯　张　彧　尹格韬　沈　众

王文成　孟淑贤　周长志　罗养毅　秦　丹

乌　琛

大家精要

鸠摩罗什

尚永琪 著

陕西师范大学出版总社

图书代号 SK16N1047

图书在版编目（CIP）数据

鸠摩罗什/尚永琪著.—西安：陕西师范大学出版总社
有限公司，2017.1（2024.1重印）
（大家精要）
ISBN 978-7-5613-8820-4

Ⅰ.①鸠… Ⅱ.①尚… Ⅲ.①鸠摩罗什（344—
413）— 传记 Ⅳ.①B949.92

中国版本图书馆CIP数据核字（2016）第321621号

鸠摩罗什　　JIUMOLUOSHI

尚永琪　著

责任编辑	郑若萍　　陈柳冬雪	
责任校对	尹海宏	
特约编辑	石慧敏	
封面设计	张潇伊	
出版发行	陕西师范大学出版总社	
	（西安市长安南路199号　　邮编710062）	
网　　址	http://www.snupg.com	
印　　制	永清县晔盛亚胶印有限公司	
开　　本	650 mm×930 mm　1/16	
印　　张	10	
字　　数	100千	
版　　次	2017年1月第1版	
印　　次	2024年1月第2次印刷	
书　　号	ISBN 978-7-5613-8820-4	
定　　价	45.00元	

读者购书、书店添货或发现印刷装订问题，请与本公司销售部联系、调换。

电话：（029）85303879　　传真：（029）85307864　　85303629

目　录

附录

第 1 章

鸠摩罗什与龟兹大乘佛教的发展

鸠摩罗什，又叫作童寿，天竺人。他是距今一千多年前的东晋十六国时期享誉西域和中土的著名佛教学者，是佛学东渐时期一位伟大的思想家，也是我国佛教传播时期的著名翻译家。他与真谛、玄奘、不空并称为四大佛经翻译家。鸠摩罗什一生翻译佛经七十余部、三百多卷，无论是译经数量还是质量都是无与伦比的，所以他被列为四大译经家之首。

鸠摩罗什对佛教发展和东亚文化的影响，一是其在以龟兹为中心的西域地区扩大了大乘佛教的影响力；二是来到长安后，大力宣扬佛教中观学派的思想，译出般若类经典、禅经、秘密部经典、律部经典，对中国佛教宗派的形成、佛学思想的发展及整个东亚文化的流变都产生了重要的影响。

一、佛图舍弥与龟兹的小乘佛教

鸠摩罗什家世代都是天竺国（今天的印度）的国相，他的祖父名叫达多，是个倜傥突出、非同一般的人物。据说他在当时的天竺国名气很大。鸠摩罗什的父亲鸠摩炎不但聪明出众，而且道德高尚，受人敬仰。就在即将被指定继承相位的时候，他却偷偷地离开了家庭，向东度过葱岭（今天的帕米尔）。龟兹国国王听说鸠摩炎放弃了尊荣无比的国相的位置，非常敬佩他的这种高风亮节，亲自到郊外迎接，请他做了龟兹国的国师。

龟兹（今新疆库车地区）是我国古代西域地区的一个历史悠久的古国，位于天山南麓塔里木河之北的丝绸之路要道上。据《史记》《汉书》所记载的公元 176 年匈奴单于冒顿给汉孝文帝的一封信来推断，龟兹古国在公元前 2 世纪初叶便已经诞生。西汉宣帝年间（前 73～前 49），汉朝政府设立西域都护府管辖西域三十六国，其中便有龟兹。东汉永平三年（60），班超出掌西域都护，就居住在龟兹，自此之后数百年里，龟兹一直是我国西域的政治文化中心。

能被尊为龟兹国这样一个具有深厚历史文化传统国家的国师，可见鸠摩炎不光是有高风亮节，更重要的是他可能有深厚的教育背景，是一个智者。关于鸠摩罗什的高贵家世，我们在这里不能不交代几句，在中古时期来自西域和印度的僧人们，往往在僧传中都将之记载为国王之子或国相之子，这种记载的可信度不是很高。中古时期的天竺和西域地区，小国林立，王族和国相贵族确实所占比例较高，但是鸠摩罗什出自国相世家的说法，则是相当令人怀疑的。不过，像鸠摩罗什这样从小就具有很好的知识教育背景的人，说明他的父系一定是来自印度当时的文化精英阶层。

正是因为家庭教育背景的缘故，所以龟兹国国王才会把鸠摩炎尊为国师。龟兹国国王有个妹妹叫耆婆，刚刚二十岁，是个聪明非凡、悟性很高的女孩。她有过目不忘的能力，不论是庄严的经典还是有趣的故事，只要她听过的，就能全部一字不差地背诵下来。据说她身上还有"赤黡"——红色的痣，这预示着她会生下智慧的儿子。

周边很多国家的王族年轻人都想迎娶她，可是耆婆公主就是不肯下嫁。等她见到鸠摩炎的时候，觉得与自己很般配，心里就想嫁给他，可是鸠摩炎这个人既然连相位都可以放弃，那么他对美丽的公主可能也没有多少兴趣，文献记载说是在公主和国王的逼迫之下，他才不得已娶了美丽聪明的耆婆。

西域地区小国林立，有的以农业为主，有的以牧业为主，互相之间经常打打杀杀，所以王公贵族破国亡家也是比较频繁的事情。有趣的是，似乎当时的王公贵族一旦从自己国家到邻近的另一个国家，就不得不像鸠摩炎这样做上门的女婿，如北魏太武帝时期的焉耆国王鸠士毕那，兵败破国后就跑到龟兹国做了上门女婿，是否鸠摩炎也是这种情况呢？可能也是他的国家或家族出了什么问题，才不得已跑到了龟兹国。

婚后的耆婆很快就怀孕了，据说怀孕后的耆婆感觉到怀上这个孩子使得自己获得了非凡的能力。她不但在悟性上有了突飞猛进的增长，对于世间万物的理解力也变得深刻超凡。至少，梁代僧人慧皎在《高僧传》里是这么描写的，也许这正是对即将出生的鸠摩罗什的一个关于胎中就带有佛家非凡智慧的文学渲染。

对于聪明异常的耆婆而言，怀孕后获得的突飞猛进的理解力和超常悟性，必须找到一个施展才能的地方。在离龟兹王宫不远的地方，就是各种智慧僧侣聚集的雀离大寺（又叫苏巴什佛寺）。聪明的耆婆想到了这里，也许只有在雀离大寺中，她的超凡的聪明智慧才有用武之地。于是，她就约了一些龟兹国的王族贵家的妇女、德性高尚的尼姑，一起到雀离大寺设供朝拜、进斋听经。

这时候，更奇怪的事情发生了，出生在龟兹的耆婆居然开始无师自通地说起天竺语言来，并且用这种曾经记载佛经的异域语言同那些高僧大德辩论佛经经义，词语丰富多彩，辩论深入热烈，让那些在雀离大寺讲经说法的僧人和朝拜、学习的信徒们赞叹不已。雀离大寺中的得道高僧断定：耆婆的这种神奇能力同她腹中的胎儿有密切关系。于是，修得罗汉果的达摩瞿沙对耆婆说："你一定怀了一个智慧无比的孩子！"为了证明他的预言的正确性，就给耆婆讲了舍利弗的故事。

据《佛本行集经》和《增一阿含经》记载，舍利弗是摩揭陀国王舍城人。据说他外祖父是个善于相面的人，父亲是一位国相，当他的母亲怀上舍利弗的时候，舍利弗的舅舅发现，在经义理解、辩论方面比自己差的姐姐，居然怀孕后变得聪颖无比，自己已经无法同她探讨经义了，他断定姐姐怀上了一个聪慧无比的孩子，于是决定自己要进山拜师好好学习，等将来自己的外甥出生长大后同他一起探讨经义学问。舍利弗出生后果然聪慧无比，八岁的时候，就在周边的十六个国家同高僧大德、名流贤哲探讨学问，没有人能驳倒他。最终，舍利弗成为了释迦牟尼的十大弟子中的"智慧第一"。

达摩瞿沙为什么要讲这个故事呢？他显然是在暗示耆婆：她腹中的胎儿是像舍利弗一样的一个天生的佛家种子，也可能还要暗示耆婆，让她皈依佛门。

可是耆婆生下鸠摩罗什后，好像在一段时间内忘记了这个预言和故事，开始过着幸福甜蜜的世俗生活。这样的情况维持的时间可能不长，耆婆就非常积极地想出家修道，可惜这时候她的丈夫鸠摩炎不答应。鸠摩炎虽然不是个贪图权位的人，同耆婆结婚也很是勉强，但他显然是个不乐于追求修证佛道的人。可能僧人传记中对鸠摩炎的赞誉有些过头，他或许就是一个非常贪图"国师"这样一个俗世职位的平凡知识者，所以等到耆婆又为他生下一个儿子弗沙提婆之后，耆婆出家修道的可能性就加大了。

据说耆婆生下第二个儿子后，曾出城游玩，见到坟地上那些无主的枯骨零落散乱在荒草丛中，顿时感觉到人生的诸般生死无常之苦，发誓一定要出家修道。但是，家人还是不能答应她的这个背家弃夫的要求。耆婆就发下重誓："若不落发，不咽饮食!"开始了反抗性的绝食，一直进行到第六天的夜晚，耆婆已经气力绵乏。鸠摩炎这时候感觉到如果再这样下去，耆婆可能就熬不到第七天的早晨，鸠摩炎心中非常畏惧，迫不得已只好答应让耆婆出家修道。这时候的耆婆为断绝丈夫的犹豫之心，坚持不剃发就不进食，鸠摩炎只好找人来为她剃去头发，耆婆才结束了绝食。

到了第二天，就有高僧大德给耆婆受了戒。从此之后，耆婆一心向佛，体悟禅法。

在今天新疆库车县的东北方向，雀离大寺的土墙依然在西部的漠风里庄严地挺立着，往日的诵经声已经随着历史的脚步散布到世界各地，当我们步行在雀离大寺的残垣之中时，也许仍然能捕捉到美丽聪明的耆婆公主曾经在这里诵经修道的身影。

耆婆的出家修道，可以说是经历了一波三折，她的绝食和剃发修禅，为她以后的诸般修炼得到家人的允诺开了一个好头。相对而言，儿子鸠摩罗什的出家修道似乎就顺利得多。也许是僧人传记家不再准备在罗什出家的问题上制造什么悬念——因为罗什在母胎里的时候就已经被认定是一个佛家种子了，更因为耆婆又为鸠摩炎生了另一个儿子弗沙提婆，由弗沙提婆来继承鸠摩炎在世俗的一切，鸠摩罗什的出家就显得顺理成章了。我们真的不知道这种合情合理的安排是出于鸠摩炎的打算，还是出于僧人传记家的巧妙解说。总之这样一来，无论是耆婆还是鸠摩罗什，都将不再受到世俗的谴责。

公元 350 年，七岁的鸠摩罗什也随着母亲出家了。虽然文献记载中没有明确说耆婆和鸠摩罗什在什么地方出家，但是从怀在母腹中的鸠摩罗什以雀离大寺得到"舍利弗之证"的情况来推断，鸠摩罗什也可能是同他的母亲在雀离大寺学习佛经。

我们还能在哪里找到鸠摩罗什曾经的足迹呢？克孜尔石窟——那个满洞窟都铺陈着像鲜花一样盛开的壁画的地方！

这个始建于 3 世纪的石窟寺，是龟兹王室倾国力装点、支持的寺院，也是有部学派的重要中心之一。在这里，罗什一定留下了他的足迹。今天的克孜尔石窟前面，一尊罗什的塑像静默而淡然地屹立在澄明的阳光下，似乎鸠摩罗什仍然跟随着他的老师佛图舍弥在诵读那韵律优美的佛偈。

少年罗什的老师佛图舍弥是龟兹国有名的高僧。佛图舍弥是小乘僧人，对阿含部经典很有研究，在龟兹国内具有最高僧官一样的高贵地位。据说他管理着龟兹的很多寺院，如有僧侣一百七十多人的达慕蓝、北山寺致隶蓝、剑慕王新蓝、温宿王蓝、云慕蓝及王新僧伽蓝，还有女信徒出家的尼姑寺如阿丽蓝、轮若干蓝、阿丽跋蓝。罗什可能当时就是在雀离大寺跟随佛图舍弥学习阿含学。罗什小小年纪就表现出了他的过人聪慧，据说能日诵千偈，每个偈子有三十二个字，一千个偈就有三万二千字。一个七岁小孩一天能把三万二千字的偈子背诵出来，可见其记忆力超群。不仅如此，当鸠摩罗什把那些毗昙背诵下来的时候，佛图舍弥将毗昙的含义解释一遍，他就能很快据此而通达经义，就连那些最深奥的义理都能理解体悟。阿毗昙是一种具有深厚辩论色彩的解说论证佛教经义的方法，如果没有相当清晰的佛经逻辑思路，很难在短时间内掌握这种以"分别"为特征的"论"，更不要说用这种手段去恰当地体悟佛学智慧了。

在鸠摩罗什的成长过程中，母亲的作用是至关重要的。作为一个出家修道者，也许他并没有从父系方面得到更多的教诲和智慧影响。母亲耆婆不仅在身怀鸠摩罗什的时候就在雀离大寺里得到了"身怀智子"的预言，而且在同家庭的抗争中，获得了掌握自身命运的独立自主权利。母亲的聪慧、自由精神及独立的人格魅力都潜移默化地移植到鸠摩罗什的身上，他的整个求学过程都在母亲的伴随之下，母亲不仅是鸠摩罗什的保护者和引导者，更是他在求法之路上奋勇前进的激励者。

二、"说一切有部"与鸠摩罗什的佛学根柢

龟兹国是西域中路上的重要国家，在汉代就成为了西域的五大国之一。在鸠摩罗什时代，它同焉耆一样是周边很多小国的宗主国，国力处在一个比较鼎盛的阶段。龟兹是佛教东传的主要驻足地，3世纪后期，龟兹的佛教已相当流行，《晋书·西域传》记载龟兹国"俗有城廓，其城三重，中有佛塔庙千所"。《出三藏记集》也说龟兹国中"寺甚多，修饰至丽。王宫雕镂，

立佛形象，与寺无异"。就是说在龟兹王宫中，装饰的佛像与所进行的佛事活动已经同寺庙没有什么差别了，可见当时龟兹王宫礼佛风气之盛。虽然我们没有资料证明罗什的父亲鸠摩炎也是虔诚的佛教徒，但是罗什显然是在佛教气氛浓厚的环境下出生的。事实上，僧传中来自龟兹王族的佛教信仰者也很多，如三国时期参与佛经翻译的帛延、两晋时期在敦煌等地参与佛经翻译的龟兹居士帛元信、后赵时期的著名神僧佛图澄，都是龟兹王族。今新疆库车、拜城一带古龟兹国境内有多处开凿于三四世纪的石窟，就是当时龟兹佛教兴盛的最好证明。

虽然龟兹国具有深厚的佛教基础，龟兹王公贵族也非常信仰佛教，但是像耆婆和儿子鸠摩罗什这种母子双双出家修道，在当时的龟兹国还是一件具有轰动效应的大事，聪明美丽的公主同幼小而同样聪慧机智的国师之子舍弃荣华富贵，剃发为僧，龟兹国的佛教信徒们对这对母子宠爱有加，源源不断地为他们送来各种各样丰富而精美的供养之物。这样的情况显然违背了耆婆和儿子出家的初衷。本来出家的目的之一就是要摆脱世俗的荣华，求证精神的体悟，可是非凡的智慧和王室成员的身份为他们带来了更多的世俗荣宠，耆婆害怕这种优裕的生活和奢华的环境会妨碍儿子的修行，于是决定带鸠摩罗什离开龟兹。

当然，耆婆带儿子离开龟兹绝不仅仅是因为要离开这个过于热闹优裕的环境，更重要的是，在鸠摩罗什成长的八九年时间里，也可能以雀离大寺为中心的龟兹附近的佛学中心，已经无法再为鸠摩罗什这个聪慧的童子提供更多新的知识和启悟，耆婆要带着鸠摩罗什去寻求更高深的智慧和知识。

耆婆听说在罽宾国有一位高僧叫盘头达多，于是决定带鸠摩罗什远赴罽宾国求学。

罽宾，在中国古代历史文献中是没有一定界说的，在佛教文献中，罽宾就是迦湿弥罗。迦湿弥罗位于印度西北地区，喜马拉雅山的西麓，即今天的克什米尔地区。此处四面环山，交通比较闭塞，所以迦湿弥罗的佛教传统较少受到他国的影响，有其特殊的发展历程。在佛教发展史上，罽宾具有非常重要的地位。据《蓬华面经》《阿育王传》等记载，释迦牟尼涅槃前曾预言罽宾国将会成为佛教大兴的地方，如《阿育王传》卷四即有释迦牟尼的弟子阿难陀转述老师的嘱托说："尊者阿难语言，世尊以法付嘱于我而入涅槃，我今付嘱汝之佛法而入涅槃，尔等当于罽宾国中树立佛法。佛记：我涅槃后，当有摩田提比丘，当持佛法在罽宾国。"

释迦牟尼佛涅槃后，共有四次佛经结集的盛事，其中第四次就是在罽宾国进行的。据《婆薮盘豆法师传》记载，释迦牟尼佛涅槃后五百年，"说一切有部"僧迦㫋延子往印度西北罽宾国，召集五百罗汉和五百菩萨，撰"说一切有部"《阿毗达磨毗婆沙》百万颂。

佛教最早传入罽宾的时间大约在公元前 259 年，阿育王派遣摩田提比丘前去传教，据说当时信奉者八万人，剃度为僧者十万人。此后在历代王族的提倡下，罽宾佛教有盛有衰。

到 4 世纪，罽宾同东方各国在政治、商业方面交往频繁，佛教也日渐兴盛，尤其是"说一切有部"的学说，在罽宾非常兴盛，很多外国的僧人都到这里来学习有部知识，譬如中国初期佛教史上著名的佛图澄就曾到罽宾学习。正是因为罽宾具有曾经结集佛经的悠久历史和深厚的佛学学术传统，所以耆婆才会选择带儿子到罽宾求学。

从龟兹到罽宾要穿过今天的塔克拉玛干大沙漠边缘，跨越帕米尔高原，翻过气候变化多端、狂风肆虐的喀喇昆仑山，路途的艰辛是可想而知的，但是都没能阻挡住耆婆寻求知识和大法的决心。

公元352年，九岁的鸠摩罗什跟随母亲渡过辛头河（今印度河），来到罽宾境内，见到了盘头达多，并拜他为师，开始学习。盘头达多大师是罽宾国王的堂兄弟，也是一个聪慧无比的人。他舍弃世俗的一切荣华富贵，出家修行，对于佛教的经、律、论三藏和佛理的九部都非常精通。他渊博的学识和高尚的品德，不但使罽宾国内的人们对他无比敬仰，就连国外的人也纷纷远道而来，拜他为师。

从文献记载来看，盘头达多是一位气量宏大的人物，对于求学者是非常热心的，并且他自己也非常勤奋，在讲经说法之余，经常抄写佛经偈语。据说他从早晨到中午的半天时间，亲手抄写一千多条佛偈，而从中午到晚上就可以把这一千多条佛偈背诵下来。他如此身体力行，向他求学的人自然也就非常勤奋了。

盘头达多是著名的有部学者，他对《阿含经》的研究和讲授非常有心得，所以他首先向鸠摩罗什传授了《中阿含经》和《长阿含经》。

《阿含经》的"阿含"是"辗转传说之教法"的意思，是早期佛教基本经典的汇集。一般认为，《阿含经》的内容在佛教第一次结集时已经确定，至部派佛教形成前后被系统整理出来，公元前1世纪被写成文字，主要内容是论述四谛、八正道、十二因缘、五蕴、四禅、善恶因果报应等早期佛教和部派佛教的基本教义。各部派所传的《阿含经》不尽相同，如南传佛教有"五阿含"、北传佛教有"四阿含"。

《中阿含经》是释迦牟尼佛入灭之后最初结集的四部经藏之一。这四部经依文字长短和内容特点，分别称为《长阿含经》《中阿含经》《杂阿含经》《增一阿含经》。盘头达多将《中阿含经》和《长阿含经》传授给鸠摩罗什的过程中，很快就发现这个年轻人是如此聪慧。《中阿含经》和《长阿含经》总字数达四百多万，很多求学者在多年的学习中也不能将这两部经诵出，而鸠摩罗什不仅记忆力超群，悟性更是非常人能比。盘头达多为自己有这样的学生感到兴奋，因而经常以"神俊"这个词来赞扬他。时间一长，鸠摩罗什"神俊"的声名传进了罽宾王宫。国王听说有这样一位年轻而聪慧无比的学者，也很想结识他。于是，罽宾国王邀请了很多的外道（非佛教学者或修炼者）学者来到王宫切磋学术、展开辩论，鸠摩罗什当然也得到了邀请，国王就是想通过辩论来看看这个年轻的佛教学者是否真如传说中的那样聪颖神俊。

论难大会在罽宾王宫如期举行，刚刚开始辩论的时候，那些外道僧侣和学者看到发言的是这样一位年轻的僧侣，轻慢之心便油然而生。在知识的积累与领悟全靠背诵和老师讲解为唯一手段的时代，正常情况下，年龄的大小确实决定所背诵过的经典内容和持有知识的多寡。所以，外道学者们觉得像鸠摩罗什这么年轻的僧侣要在知识上或在论难方面胜过他们，几乎是不可想象的。自然，这些外道学者的傲慢和轻蔑溢于言表，鸠摩罗什趁机抓住了他们问题中的错误，步步精微地展开分析，提出问题，直问得外道学者们无话可说、心服口服。

在这次论难中，鸠摩罗什讲起论题来头头是道，字字珠玑，使得刚刚还目空一切的外道论师们一时间张口结舌、面面相觑。通透的佛学知识和佛陀的高深智慧在罗什的讲解下变得如此清晰明畅，不得不使他们信服罗什所讲的道理，对佛教的有部理论有了真正的领悟和理解。一个十岁左右的孩子能让那些饱读经书、学识渊博的外道僧侣和学者折服，由此可见鸠摩罗什确实是一个早慧的神童。

在一旁观战的罽宾国王算是领略了鸠摩罗什的"神俊"才能，为在自己的国家里有这样的人才而非常高兴，觉得罗什为罽宾国争了光。国王不顾罗什母子的反对，下命令给予他们国内最好的供养，当时最好的供养是什么呢？文献记载是每天给罗什母子鹅腊一双、粳米面各三斗、酥六升。这是当时的罽宾国对于外来客人的最好的供养标准。不仅如此，还派了五名僧人和五名小沙弥专门为他们提供日常生活服务。耆婆推辞不了，只好暂时接受下来。

毫无疑问，鸠摩罗什的聪明出众和高贵出身，既为他带来了别人不能得到的尊荣，也对他的修行造成了一定的干扰。在龟兹国的时候，过于优厚的待遇就使耆婆担心自己的儿子不能真正经历一个苦心修道者的生活历程，可是到了罽宾国，鸠摩罗什仍然没能摆脱这种境况。

总的来说，求学罽宾，对于鸠摩罗什而言，就是比较系统而深刻地学习"说一切有部"的经典，奠定了他一生佛学修养的庞杂知识基础。有部肯定概念实有，而且恒久不变，它同般若中观、唯识瑜伽是三足鼎立的佛学流派。有部论著传到中国的时间非常早，延续的时间也比较长，在现存的汉文佛教典籍中，"说一切有部"的经典的存留是非常系统的。

三、疏勒国的佛学源流与特色

鸠摩罗什在罽宾学习两年后，一方面已经没有什么人能比他学问更好，再待下去也不能在学问上取得什么长进；另一方面，他的母亲也担心在罽宾国王关照下的优裕生活不利于罗什的修行，于是决定返回故乡龟兹国。

当时罽宾周边各个小国的王公贵族、僧侣信徒都非常仰慕鸠摩罗什渊博的学问，当他们听说鸠摩罗什有离开罽宾的打算时，就纷纷派遣使者以优厚的待遇和尊贵的爵位为条件，希望能请这位年轻而声名鹊起的僧侣到他们国家去讲经说法，但是，罗什对于这一切无动于衷。在他的心目中，他所学到的只是很少的一点知识，求学之路还远远没有结束。

公元 355 年，十二岁的罗什随母踏上了返回龟兹的路途。这次返回龟兹之路，是鸠摩罗什一路向所经过国家的僧侣学者求学问道之路，也是他巡访各类奇书秘籍、遍读杂学经典书籍的成才之路。

在鸠摩罗什的一生中，有两个神秘的预言始终伴随着他的生命之路。

第一个预言是雀离大寺的大罗汉达摩瞿沙发出的。当罗什还在母胎中的时候，达摩瞿沙就预言他是一个像舍利弗一样聪明无比的著名僧侣。但聪明的声名既为他带来了荣光，也为他带来了无尽的麻烦，走到哪里都会引人注目。罗什在以后的岁月里被中原大军俘虏，只能做个译经的和尚而不能成为开创智慧、创造知识的佛教大德，其内心的痛苦和无奈都同他的这种过人的聪明息息相关。

第二个预言就发生在他这次随母亲返回龟兹国的途中。在经过大月支北山的时候，鸠摩罗什母子俩遇到了一个修得罗汉果的高僧，他告诫鸠摩罗什的母亲耆婆说："你要好好守护、照管好你的儿子，这个年轻的修道人如果在三十五岁之前不破戒，将会成为像阿育王时期的优波掘多大师那样一个大兴佛法的一代宗师，能施展佛家智慧度无数众生。如果你守护不严，在三十五岁之前破了戒，那他将不会有什么大的成就，也只不过就是个有才能的一般法师而已。切切记住啊，不可掉以轻心！"

事实上，这两个预言的内容是如此互相抵触，一个预言鸠摩罗什必将成为聪明非凡的佛教高僧大德，另一个却是暗示这个非凡的高僧大德有违反佛教戒律的可能。在罗什的生命中，这种矛盾是如此鲜明对立地存在着。在他被前秦大将吕光俘获之后的岁月里，违背戒律、亲近女色的举动与他佛教高僧的形象总是格格不入，以至于今天的佛教信徒在描写鸠摩罗什的时候，都有意无意地忽略或遮蔽他的出格举动。

这时候的鸠摩罗什当然不会知道，在未来的路途上有什么样的变数在等待他。当他随着母亲进入疏勒国的时候，也完全没有意识到，在这个返回龟兹必经的国家，他将接触到更新的知识和佛学观念，在这里，他这些年来积累的佛学观念将会发生重大的变化，甚至就是一次转折，他将从小乘学者转向学习大乘。

疏勒国，在佛教文献中也被称作"沙勒"，意思是"玉市"或"玉山"。其地域即今天的新疆喀什地区，此地处在西域北道的要害之地，是葱岭东西交通的重要门户。在葱岭以东诸国中，疏勒是与佛教接触最早的国家，疏勒佛教可能与大月支有关。在 2 世纪初期，疏勒国王名叫安国，他的舅舅叫作臣盘，在大月支做人质，就是一个住在寺庙中的佛教信仰者。安国死后，臣盘回国继承王位，作为一个佛教信徒，臣盘大力推行弘扬佛教就是情理之中的事情。据此可以推断，在 2 世纪初，疏勒已经有佛教的存在。

疏勒国盛行的小乘佛教来自犍陀罗，而龟兹的佛教又是通过疏勒传播过去的，所以疏勒国的佛学非常有特点。首先是在疏勒国，佛教及当时西域地区各个教派的经典非常丰富；其次是疏勒国有很多佛教的遗物，如佛牙、佛唾壶等，并且保护得比较好。

就佛学经典及各种杂学文献而言，仅从鸠摩罗什传记材料中提供的情况来看，关于印度文化的大部分重要典籍以及大乘中观学派的"三论"等经典，鸠摩罗什是在疏勒国读诵学习的，这说明在疏勒国，佛教文献及各种教派的典籍是非常丰富的，在文献种类的多样性方面已经远远超过了当时的"说一切有部"的中心地区罽宾，这是疏勒国佛学的一个最大特点。

就佛教遗物来看，其中最著名的就是释迦牟尼佛曾经用过的佛钵。据文献记载，佛钵用青石造就，"光色紫绀，四际尽然"，可以容纳三斛多的东西。

当时很多不远万里到西域求法的各国高僧，都期望能到疏勒国顶戴佛钵。据说顶戴这个佛钵发愿，随着自己心中意念的变化，会感觉到佛钵轻重不同的变化，依此可以检测自己的道心的虔诚与否。自然，鸠摩罗什也不会错过这次机会。他刚顶戴佛钵的时候，觉得非常轻，心中就暗自寻思："这个钵如此之大，为什么会这么轻呢？"一念刚起，佛钵突然变得沉重无比，以至于他都站不稳了，不由得大惊失声。母亲耆婆问他为什么如此惊慌失态。罗什回答说："我的心中产生了不同的意念见解，使得佛钵有了轻重不同的反应。"也可能正是这次顶戴佛钵的神奇经历，使得鸠摩罗什对佛法有了更进一步的体悟，于是决定留在疏勒国继续学习。

这一年的冬天，停留在疏勒国的鸠摩罗什不但潜心诵习《阿毗昙》，而且对《集异门足论》《法蕴足论》《施设足论》《识身足论》《品类足论》《界身足论》这"六足论"及其他经论作了系统深入的研读。

在学习过程中，鸠摩罗什遇见疏勒国佛学大师三藏沙门喜见，喜见对鸠摩罗什渊博的知识和出众的辩才非常欣赏，于是他竭力向疏勒国王推荐鸠摩罗什，敦促国王邀请罗什开坛讲法，他对国王说："鸠摩罗什这个法师可不能轻视啊，大王您应该开设大法会让他讲经说法。如果由他来讲经说法，对于我们疏勒国有两个好处：一来本国的僧人们领略了他讲经的风采，体验到他渊博的学识和出众的辩才，就会自愧弗如而加紧学习；二来罗什法师是龟兹王族，龟兹国王如果知道了鸠摩罗什是在我们国家第一次开坛讲经，他就会认为我们尊重罗什也就是尊重龟兹国，一定会派人来同我们建立友好的关系。这是一举两得的好事情，国王您为什么不考虑一下呢？"

疏勒王听从了喜见大师的建议，即设下法坛，恭敬地请鸠摩罗什开讲《转法轮经》。罗什在疏勒国开坛讲经的消息很快就传到了龟兹国，龟兹国王听到后感到非常高兴，也非常得意。果然如喜见大师所说，龟兹国王派出使者来到疏勒国，以最尊贵的礼节奉上丰厚名贵的礼物，表示了对疏勒国的感谢和建立友好关系的愿望。当时在西域地区，龟兹是强国，疏勒当时比较弱小，通过这样的宗教关系来加强两国的友谊，也是一个有效途径。

疏勒国流行的主要是小乘教派，并且这里的人民似乎有着保存各类书籍、器物的热情，所以在这里能看到很多在其他地方看不到的书籍。罗什一面讲经，一面就开始如饥似渴地学习各种各样稀奇古怪的知识。

显然，鸠摩罗什在疏勒读过的书籍，并不仅仅限于佛学著作，尤其是对一些所谓的"外道"的经典书籍的阅读学习，奠定了他庞杂的知识结构。据文献记载，他读过的主要经典有三类：

其一是同理解佛教经典有关的各种各样的"经论"，通过学习"经论"，他熟练地掌握了文辞制作和如何应对辩论问答等技巧。

其二是对《四吠陀》及《五明论》的学习。《四吠陀》是婆罗门教最重要和最根本的经典，由《梨俱吠陀》《裟摩吠陀》《耶柔吠陀》《阿闼婆吠陀》四部组成，蕴含丰富的神学思索，包括了语音、语法、词源、韵律、天文、占星、医学、音乐、舞蹈、军事、建筑等方面的知识。《五明论》由五部分组成，分别是声明（语言、文字之学）、工巧明（工艺、技术、历算等技艺）、医方明（药石、针灸、禁咒等治疗之学）、因明（逻辑学）、内明（佛教自宗之学），这是作为一个佛教僧人在传教过程中不可缺少的知识，这些知识既有利于帮助修道者理解经典，更有利于运用这些知识为民众服务，从而展开传教。

其三，鸠摩罗什还阅览了大量阴阳星算等方面的经典，这一部分可以称之为"杂学"。学习这些知识，一方面巩固了鸠摩罗什所学到的医学、星占等知识，另一方面也使得他在星算占卜等一些技艺上有了更加广阔的知识积累。据说当时人们请他算卦预言，他不但能预示吉凶变化，还能很准确地预料到事情的发生趋势和发展结果。

通过对以上这三部分典籍的学习，鸠摩罗什的知识结构发生了比较重大的变化，从一个在罽宾仅仅学过有部佛教典籍的年轻僧人，变成了一个在佛学知识的基础上掌握了解"外道"知识及各类杂学的饱学之士。这时候，潜伏在他身体里面的那种放纵才情的气质开始慢慢地流露了出来。博杂的知识带给他宽阔的眼界，高贵的出身赋予他沉静雍容的心态，十二岁的小小年纪就开坛讲经的经历给予他饱满的自信，这三者的结合使得他不能不得意忘形，不知不觉中形成率性而为、不拘小节的行为方式。

鸠摩罗什的这种有违戒律的做派，让疏勒国的僧侣们心里很不舒服，对他颇有微词。僧侣应该过节制性的生活，要善于控制自己的感情、约束自己的行为，而才华横溢、少年得志的鸠摩罗什恰恰在这方面没有做到中规中矩。虽然自己的行为总是得到同修僧侣们的非议，但罗什对此全然不放在心上，仍然我行我素。

关于罗什在疏勒国的经历，佛教文献的记载是不太一致的。《出三藏记集》认为罗什是先从罽宾到疏勒国，学习了《阿毗昙》《六足论》和《增一阿含经》，然后就回到了故国龟兹，在龟兹国学习了《四吠陀》《五明论》及阴阳星算等知识，并且同龟兹国的僧侣们在行为上有些格格不入；而在慧皎的《高僧传》中，鸠摩罗什是在疏勒国的时候诵读了以上这些经典，然后才由龟兹国王派人迎他回龟兹的。虽然学者们认为慧皎的《高僧传》是在僧佑的《鸠摩罗什传》基础上形成的，在很多方面都有一些文饰和巧妙的安排，但是，从历史事实发生的流畅性考虑，我们在本文的叙述中，还是以慧皎《高僧传》中所描写的事件发生时间顺序为标准。

四、须利耶苏摩与鸠摩罗什大乘思想之形成

在疏勒国的这段时间里，鸠摩罗什不仅如饥似渴地广读经书，而且还正式受教于两位著名的高僧大德，一位是出身婆罗门贵族之家、学富五车的罽宾僧人佛陀耶舍，一位是王族出身的须利耶苏摩。佛陀耶舍是一个对大小乘经典都很有研究的高僧，他熟读大小乘经典数百万言，可能是他第一次让鸠摩罗什接触了大乘理论，但是真正让罗什由小乘学转向大乘学的，是由于须利耶苏摩的点化和引导。

罗什到疏勒国的时候，这里有两位来自莎车国的王子，他俩抛弃世俗的荣华富贵，进入佛门，哥哥起字为"须利耶跋陀"，弟弟起字为"须利耶苏摩"。他们两人虽然同为大乘僧人，但是苏摩在佛学教养上要远远优秀于他的哥哥跋陀。据说苏摩才智绝伦，当时非常有名，他的哥哥跋陀和很多僧侣、佛教学者都拜苏摩为师，罗什到达疏勒国后，同苏摩有"英雄相见恨晚"的感觉，关系非常密切，但是由于罗什是小乘学者，而苏摩是大乘学者，因而罗什又有"恨学业不同不得从就"的遗憾。

苏摩很欣赏罗什的聪明颖悟与博学多才，就想点化罗什皈依大乘。据说有一次苏摩瞅准了机会来到罗什住宿的地方，在外面开始大声朗诵《阿耨达经》："明色空，乃知一切法空。"如此等等，罗什自然听得非常清楚，等到第二天早晨他们见面的时候，罗什就忍不住问苏摩："你念的是什么经呢？居然会

破坏一切法，让一切法俱为空。"苏摩回答说："是大乘经。"
罗什再问："大乘经以什么为义？"苏摩答曰："毕竟空为义。"
罗什这下更好奇了，居然有这样的经典，其最终意义居然是一
个"空"？罗什进一步问道："既然我们眼前看到的都是有，为
什么要说是空呢？"苏摩没有直接回答为什么"毕竟是空"，而
是反问道："眼能判断是有而非空，那是以什么为证呢？"罗什
答道："以见为证啊。"苏摩马上根据罗什的回答提出一个反证
的问题："如果以眼见为证，那么眼应该首先见到眼本身啊。"
如此这般的论难，极大地激起罗什求知的渴望，于是他同苏摩
开始了辩论。他们的这场讨论不知道持续了多长时间，但最后
的结果是，鸠摩罗什所学的小乘的一切知识在大乘的"毕竟是
空"这个命题前都不能自圆其说，罗什终于明白了大乘学确实
在学理上要远远高于小乘，于是拜苏摩为师，沉下心来专门研
究《方等经》。经过苏摩的点拨和对《方等经》的诵读，罗什
终于为大乘学的精妙理论所折服，他情不自禁地感叹说："我
这些年来专注于小乘理论的学习，这种学习，就好比是一个不
认识黄金的人，把鍮石（黄铜矿石）当成了最好的黄金啊。"

既然罗什把大乘和小乘分别比作"黄金"和"黄铜矿石"，
那么二者之间到底有什么区别呢？

"乘"就是"车"的意思，是佛门的教法，也就是通过这
种"车"（方法）把一个修行者运到那个他希望达到的最好的
修炼境界，这个境界佛教称为"果"。小乘佛教和大乘佛教是
佛门中教义有别的两个基本派别。小乘指原始佛教和部派佛
教，把释迦牟尼奉为唯一至尊，认为要成佛就要累世修行，把
证得"阿罗汉果"作为最高的修炼境界和目标。小乘的主要经
典是《阿含经》，因为这个教派只追求个人的修行解脱，犹如

自己坐小车驶向自己预定的目标，所以被称为小乘。而大乘佛教是在1世纪左右兴起的，它提倡过去、现在、未来三世和十方都有无数个佛存在，宣传大慈大悲普度众生，把成佛度世、建立佛国净土作为最高目标。大乘的主要经典有《般若经》《维摩经》《大涅槃经》《法华经》《华严经》《无量寿经》等。由于大乘追求度己度人、普度众生，就像大家共同坐一辆很大的车驶向共同的目标一样，所以称之为大乘。

由小乘而习大乘，是鸠摩罗什法师学业史上具有巨大转折意义的新起点，也是中古佛教发展历程中大放异彩的一页。聪慧、博学、自信、高傲的鸠摩罗什终于高高举起大乘菩萨的火炬，踏上了流布大慈悲、普度众生的伟大征程。

这一年，罗什刚刚十三岁，苏摩成功地把他从一个熟读"说一切有部"经典的佛教学者，点化成了一个信服大乘理论的年轻高僧。此后鸠摩罗什一鼓作气，在两年的时间里跟随苏摩学习了理解大乘经典的著名经论《中观论》《百论》和《十二门论》等，以这"三论"为主的论部著作，都是对部派小乘及其他学派进行破斥而彰显自宗的理论性著作，是体悟大乘思想的要旨法门。古印度龙树菩萨的《中观论》和《十二门论》使得罗什彻底洞彻了"诸法性空"的核心思想；古印度提婆大师所著的《百论》使得罗什对世界万有"毕竟空"有了更深刻的理解，正是：

一法若有体，诸法亦复然。

一切法本无，因缘皆悉空。

公元357年，十四岁的罗什告别了他的老师佛陀耶舍和须利耶苏摩，随母亲来到了温宿国（今新疆乌什）。温宿国在龟兹的北界，在这里罗什遇到了一个非佛教的修道者，此人在温宿及周边国家已经久负盛名，没有谁能在论难中难倒他、驳倒他。他在温宿王宫击鼓宣誓说："谁能辩论胜过我，我将斩下自己的头颅来表示认输！"当罗什到达温宿国的时候，正是这个外道修行者气焰高涨、无人能敌的时候，罗什于是提出两个命题来同他辩论，结果这个外道被罗什诘问得一塌糊涂，终于对自己所持有的知识和理论产生了怀疑，最后抛弃了自己的理论和信仰，心悦诚服地皈依了大乘佛教。此次论难，使得鸠摩罗什声名鹊起，温宿国及其周边国家的僧人、修道者、贤哲、王公都对他的学识和辩才崇敬有加。

这时候，信仰佛教的龟兹王亲自来到了温宿国，恭请罗什回故国讲经说法、普度众生。于是在外游学五年的鸠摩罗什回到了他的故乡，在龟兹国开坛讲经。罗什的到来，为龟兹大乘佛教的兴盛拉开了序幕。当时的龟兹王宫内，佛教信仰的风气非常浓厚，龟兹国王帛纯的女儿阿竭耶末帝公主也出家为尼了。汤用彤先生认为文献记载中的这个公主就是罗什的母亲耆婆，其实不是这样的，罗什的母亲耆婆是龟兹国王的妹妹，因而这个阿竭耶末帝公主就是耆婆的侄女。她博览群经，修炼已经很有成就了。这时候，当她听了罗什的讲经后，心里非常欢喜，于是又请罗什开讲《方等经》等大乘经。这次讲经，对于龟兹佛教界的影响是非常深远的，当时的龟兹国是部派佛教等小乘的天下，周边的疏勒、温宿等国家也盛行小乘理论，所以大乘佛教的理论当时确实是处在小乘的汪洋大海之中，要在这样的背景下宣扬大乘，其艰难可想而知。

我们从各种文献中都能感知到，在龟兹、疏勒等国家，出家修道的女子比较多，如在鸠摩罗什的青年时代，仅龟兹王宫就有龟兹国王帛纯的妹妹（耆婆）和女儿阿竭耶末帝公主出家为尼，这个比例够高了；再如我们讲过的鸠摩罗什最早的老师佛图舍弥掌管的九座寺院中，阿丽蓝、轮若干蓝、阿丽跋蓝这三座就是著名的尼姑寺，并且北山寺致隶蓝（雀离大寺）也是葱岭以东的王公贵族家的女信徒及尼姑们修道的主要场所。可以推断，在龟兹国的佛教界，女性信徒的号召力是相当有实力的，那么这次由阿竭耶末帝公主出面请罗什宣讲方等大乘经，显然对罗什在龟兹国传播大乘理论起到了至关重要的作用。听讲的龟兹佛教大众第一次从罗什的讲经中体悟到了"毕竟空"的大乘思想，纷纷皈依大乘。也就是这次法会后，龟兹的佛教开始在大乘之路上蓬勃发展。

第 2 章

在龟兹国受具足戒与屈辱破戒

公元 363 年，鸠摩罗什二十岁，在龟兹王宫受了具足戒。具足戒又称大戒，是有别于沙弥、沙弥尼受的十戒。十戒为不杀生、不偷盗、不淫、不妄语、不饮酒、不涂饰香鬘、不听视歌舞、不坐高广大床、不非时食、不蓄金银财宝。具足戒的戒条要比十戒烦琐细致得多。按《四分律》的记载，比丘具足戒一共有二百五十条戒律，比丘尼具足戒有三百四十八条戒律。正是因为戒律如此全面、详细，所以才称之为具足戒。

受了具足戒，就标志着鸠摩罗什取得了正式僧人的资格，从此，鸠摩罗什从一个四处求学问道的年轻佛学家，变成了一个佛门大师。鸠摩罗什回到龟兹后，最早教授他阿含学的老师佛图舍弥仍然是龟兹寺庙的掌管者，这时候罗什就在著名的王新僧伽蓝住了下来，成为远近闻名的大乘高僧，就连当时到龟兹学习的中原僧人僧纯及昙充也听说了罗什的英名，可惜由于语言不通等缘故，这两位僧人当时没能在龟兹聆听罗什讲经传道。

一、耆婆远走天竺

受了具足戒，这标志着罗什在佛学及佛教的修炼方面已经是一个成熟的僧人了，并且，他还跟随客居龟兹的著名罽宾佛教律学家卑摩罗叉学习了《十诵律》，这一切对他的母亲来说显然是一件非常欣慰的事情。至此，在鸠摩罗什艰苦求学的二十年里，他随着母亲在祖国龟兹及罽宾、疏勒、温宿等国家游学，分别师事佛图舍弥、盘头达多、佛陀耶舍、须利耶苏摩、卑摩罗叉等高僧大德，终于成了一个学富五车、名震四方的佛学大师。

从雀离大寺的达摩瞿沙罗汉预言耆婆"身怀智子"开始，到罗什在龟兹王宫受具足戒，整整二十年的岁月里，美丽的龟兹公主耆婆的使命似乎就是为了帮助自己的儿子走向大慈大悲的智慧之路。当儿子高举大乘菩萨那光焰万丈的慈悲之火，照亮苦难众生的天国之路时，耆婆就要准备离开了。她要到天竺去，去信徒们心中向往的那个真正的佛国世界，去释迦牟尼佛的诞生地，去佛教的发祥地完成朝拜的心愿。

也许很多人都不知道，古代世界的很多国家都有过把自己所处的地域称作"中国"的历史。对佛教徒来讲，释迦王子出生的地方是"中国"，诞生过去、现在、未来佛的地方是真正的"中国"，相对而言，其他地方都是"边地"。

现在，耆婆就要到"中国"去了，耆婆对她的哥哥龟兹国王帛纯说的理由是："汝国寻衰，吾其去矣。"3 至 4 世纪的龟兹国，国力是比较兴盛的，这时候的耆婆对自己的哥哥说"汝国寻衰"的预言，显然是不近情理的。也可能耆婆已经在政治方面感觉到了龟兹国的外部形势和内部格局方面的变化。就外部形势而言，作为西域诸国宗主国的前凉张氏政权，从353年张重华去世后，内讧迭起，君主更换频繁，陷于一片混乱之中，已经无力经营西域诸国；就国内格局而言，此时的龟兹国王帛纯可能已有了摆脱中原控制、称霸西域的迹象。这可能就是耆婆对她的哥哥说"汝国寻衰"的原因所在，不过这绝不是耆婆离开龟兹的主要原因。况且既然预言到龟兹国很快就要国力衰败，耆婆为什么会只身脱逃，而把自己引以为傲的儿子鸠摩罗什留在龟兹呢？

最大的可能性就是，已经四十岁、历经很多磨难、为带儿子求学问道四处奔波的耆婆这时候看到儿子有了稳定、安逸、尊贵的宗教生活，而自己就抽身而退，去天竺国瞻仰佛迹、完成自己的心愿。

关于到天竺"瞻仰佛迹"这一点，在当时的龟兹国信徒中可能是非常流行的一种修道方式。譬如玄奘的《大唐西域记》中就记载了这样一则故事：

古龟兹国有一位国王很崇信佛教，他很想在生前去天竺各地瞻仰佛迹。一天，他把自己的弟弟叫来，命他监国摄政，这样自己就可以西去朝拜。临行前，他的弟弟来送行，把一个密封的金函交给国王说："请您妥善收藏，不要遗失了，也不要打开，等你回国后再打开它吧。"国王觉得很奇怪，但他还是照着弟弟的嘱咐做了，很好地保管着这个金函。等国王朝拜完天竺各地的佛祖圣迹，满怀喜悦地回到龟兹王城后，有人向他告密说："尊贵的国王啊，在您离开的岁月里，您的弟弟跟后宫的王后王妃恣行淫乱呢。"国王一听，大怒，就打算以严刑峻法来处置自己的弟弟。弟弟却不慌不忙地说："如果我有什么错误，我会承担我该承担的责任。但是在您惩罚我之前，请把我曾给您的那个金函打开看一看好吗？"国王令人拿出那个密封的金函，打开一看竟然是一截男性生殖器，国王大惊失色："你这是什么意思？为什么要让我看这个？"他的弟弟回答说："这就是我的生殖器，在您临行前，我就把它割下来交给了您，我又怎么可能淫乱后宫呢？"国王一听，既惊且惭，赶紧向自己的弟弟赔礼道歉，并给了他最优厚的封赏和待遇。据说有一次，国王的弟弟看到有人赶着五百头牛要去阉割，他心里非常难过，于是便以自己的财富买下了这五百头牛，使这些牛免去了阉割之苦，据说他的这一善举得到佛陀赞许，于是就恢复了他完整的男儿身。龟兹国王听到这件事后非常感动，为表彰弟弟的忠心、弘扬佛陀的慈悲精神，于是下令拨巨资修了一座宏伟奢华的寺庙阿奢理伽蓝。公元 7 世纪初，玄奘西行经过龟兹，就曾住在这座寺院里。

　　这个故事虽然听起来很离谱，但也很好地说明了在有生之年能到天竺去朝拜、瞻仰佛祖圣迹，是当时龟兹国，甚至西域诸国信徒心目中一件很重大的事情，以至于国王都冒着王位丢失的危险去做这件事情。其实在佛教传播中原的过程中，有很多中土僧人也不辞辛苦前往天竺朝拜。明白了这一点，就不难理解为什么耆婆要执意离开龟兹，前往天竺了。

　　准备前往天竺的耆婆放心不下的仍然是她的儿子鸠摩罗什，月支北山修道人说的那个罗什三十五岁之前破戒的预言仍然纠缠着她。既然达摩瞿沙罗汉预言耆婆"身怀智子"的美好预言如此应验，那么月支北山修道人的"破戒"预言也就像一道魔咒一样在鸠摩罗什的未来生活中铺下了一片乌云。道心虔诚的耆婆显然不能不相信这个预言，但是她还是选择了离开。

临行前，她同儿子有一番严肃而动人的谈话："方等经典所阐扬的大乘妙理，应该被传扬到国土广大的震旦（中原地区）。要完成这项庄严任务，只有靠你的努力啊。可是，在把大乘传播到震旦的历程中，将会给你带来种种困难，你将如何去应对呢？"

罗什坚定沉毅地回答说："一个真诚地追求真理的人，应该是一个给众生带来巨大的光明和利益而忘却自身损失的人。如果要让大乘的光焰遍及中原九州，传道者就要洗却心灵上的世俗尘垢，即使将自己的身躯放在火上烤、丢在锅中煮，也要不畏艰辛作出牺牲，一往无前而无怨无悔。"

在鸠摩罗什的一生中，这是一次具有转折意义的重要谈话，在他二十年的成长历程中，母亲一直都陪伴着他，而现在，无论在生活还是精神上罗什都要开始独立了。而他的母亲耆婆也为自己找到了归宿，她到了天竺之后，修得了佛教"三果"的正果。关于果位，小乘佛教有"四果"，大乘佛教有"五果"。耆婆所证得的"三果"可能是小乘四果中的第二高果位"阿那含果"。自此之后，聪慧美丽的耆婆公主——这位伟大的母亲和慈悲的长者悄然退场。

二、盘头达多皈依大乘

母亲耆婆远走天竺后，鸠摩罗什住在龟兹王城的王新寺，这个王新寺也就是文献记载中由佛图舍弥掌管的九大寺庙之一的王新僧伽蓝。

现存的龟兹佛寺遗迹中，已经找不到王新寺的位置了，但是这个寺庙可能有着悠久的历史，所以鸠摩罗什居然在该寺后面的房子中找到了大乘般若类的重要经典《放光般若经》。于是，他如饥似渴地研读念诵，这时候神奇的事情发生了，魔波旬显现出来，遮蔽了经牒上的文字。鸠摩罗什知道这是魔鬼在使坏，妄图阻挠他研读这部重要的经典，于是他研读念诵《放光般若经》的意念更加强烈，魔波旬终于为鸠摩罗什的决心所击败，经牒上的文字显现了出来。这时候，罗什听到魔波旬在空中劝阻他说："你这么聪明神俊的人，是用不着读这样的经书的。"罗什闻言，心平气和地回答说："你只是一个不值一提的小小魔波旬，你要做的最合时宜的事情就是赶快离开这里。我追求大乘智慧的决心，就像那宽厚的大地一样不可动摇。"闻此言，魔波旬无奈隐去。于是，鸠摩罗什在王新寺住了两年，专心研读念诵《放光般若经》和其他大乘经论，对于大乘思想的理解又加深了一层。

　　魔波旬干扰鸠摩罗什研读《放光般若经》的神异故事，在鸠摩罗什生活的时代就已经产生了，他的弟子僧睿在《大品般若经》的译序中就提到了这个事情。这个故事至少传达给我们几重有意义的信息：一是当耆婆刚刚离开龟兹，就有魔波旬来给罗什捣乱，这预示着罗什失去了母亲的保护，虽然他在智慧上获得了成功，但是向母亲保证的宣扬大乘的决心开始接受真正的考验；二是当时的大乘思想处在小乘学说的包围之下，宣扬大乘学说确实存在着种种困难；三是在鸠摩罗什的心中，他从一个在有部僧团和小乘知识体系中成长起来的佛教学者，要彻底决绝地转向大乘，在心灵深处肯定存在一些斗争，但是他最终战胜了"心魔"。有的学者指出，鸠摩罗什由小乘转向大乘，最初的真正动力只是对于新知识的追求，是出于一种求新的心理动机。这个观点是非常有道理的。那么，这次魔波旬的考验，也许正暗示着鸠摩罗什已经从一个因为"趋新"而接受大乘理论的佛教学者，变成了一个真正的坚定的大乘空宗的信仰者。从这个意义上说，在王新寺研读《放光般若经》的两年，也是罗什在大乘之路上更进一步的重要转折点。

随着罗什声望的日益上升，龟兹国王给他的待遇也越来越好，为他专门铸造了金狮子座，并在上面铺上来自大秦即罗马帝国所生产的锦褥。狮子是文殊菩萨的坐骑，龟兹国王给罗什金狮子座，可见其对罗什的礼遇之高。鸠摩罗什升座说法的时候，龟兹的王公贵族都跪于座侧，让罗什踏着他们的脊背登上讲坛。这是一种对名僧大德的最崇敬的礼节，迄今，东南亚各国在佛事活动中还保留着这一习俗。

自从鸠摩罗什由疏勒国回到龟兹后，虽然他最早的佛学老师佛图舍弥仍在掌管龟兹的佛寺，但是僧传中再也没有提起他，也许此时的佛图舍弥同阿竭耶末帝公主一样，是鸠摩罗什大乘学的支持者和信仰者。这时候，面对皈依大乘佛教的龟兹国王和王公贵族，鸠摩罗什想做的一件事情就是说服他在罽宾的老师盘头达多皈依大乘。罗什为此曾推掉了龟兹国王要他开坛讲经的大法会，准备返回罽宾去为自己的老师盘头达多说法。可是不知道因为什么缘故，罗什没有成行，倒是不久之后，盘头达多却千里迢迢地来到了龟兹国，龟兹国王接见了盘头达多大师，问他："大师为什么不远万里来到我们这个小国家呢？"达多大师回答说："我一来听说我的学生罗什体悟到了至高的慈悲智慧，二来知道大王您全力弘扬佛法，所以才冒险涉远，来到您的国家啊。"龟兹国王闻言大喜，罗什见到自己老师也非常惊喜，于是就为老师专门讲说了《德女问经》。这部经典主要是讲"因缘空假"的。在鸠摩罗什跟随盘头达多学习的时候，他们师徒二人都曾接触过《德女问经》这部经典，并且当时都不相信经文中讲的理论。这次鸠摩罗什就选择这部经来给老师解说，可见其用心良苦。

在随后的交流中，师徒二人展开了一场艰难而机锋迭起的论难。

盘头达多问鸠摩罗什："你到底在大乘经典中发现了什么非凡的智慧呢，以至于会彻底地皈依大乘、弘赞法理？"罗什回答说："大乘教义深净，能说明诸法皆空的道理。而小乘教义偏颇狭隘，只说些耳目可以感知的简单道理，并且知识上错讹漏洞百出，难以成就圆满的智慧。"

盘头达多闻言，就反驳说："你说的一切皆空，真的是很可怕啊。如果连法都是空的，那我们还凭什么来修成正果呢？我给你讲个故事吧，在很早的时代，有一个癫狂之人，他找到纺线的工匠，要求他们纺出世界上最细的线来。纺线工匠殚精竭虑，把自己的技艺发挥到了极致，才纺出了像空气中飘浮的灰尘那样细细的线来，但是这个癫狂之人还是不满意，认为太粗，没有达到他的要求。纺线工匠大怒之下，指着纺线架上空空如也的地方，带着嘲讽的意思欺骗他说：'看看吧，这就是世界上最细的线啊。'癫狂之人随着纺织工匠指的地方瞧了一会儿，也没发现有什么线。就疑惑地问道：'这里什么也没有啊，你说的最细的线在哪里呢？'纺织工匠回答说：'这根线是世界上最细的线，它已经细到我这样能纺出此线的顶尖能工巧匠都看不出来，你这样的普通人怎么可能看见它呢？'癫狂之人闻言大喜，于是就一本正经地把这些看不见的细线交给织布人，而那个狡猾的织布人也装作接到了线的样子，一本正经地开始织起布来。这个故事里面的纺织工匠和织布工匠明知什么也没有，但都如此欺骗癫狂之人，那只不过就是为了蒙骗到丰厚的工钱啊。那么，你所说的一切法空的大乘义理之所以能流行，大概也就是这样的道理吧！"

在佛经中，关于绩师（纺线工匠）和织师（织布工匠）的故事非常多，用这些故事来譬喻讲说佛经中的义理，是佛陀和他的弟子们经常运用的手段。盘头达多讲的这个故事，跟后来西方流行的《皇帝的新衣服》如出一辙，而他把罗什讲的大乘"诸法皆空"譬喻为对空纺线的癫狂之语，显然是要准备说服鸠摩罗什。鸠摩罗什一边向老师讲说大乘的义理，一边运用自己所学的逻辑等知识破解老师讲的一个又一个譬喻和故事。经过一个月的往复论难，最终使得盘头达多明白了"毕竟空"的智慧所在，对自己的学生罗什所讲的大乘教义心服口服。

论难结束后，盘头达多感叹说："我本来想说服你放弃大乘诸法皆空的学说，可是没有想到反倒让你把我给说服了，真是令人感慨哪。由现在的情形看来，今后一切小乘学说的命运也就像我们今天这样啊。"言毕，盘头达多恭恭敬敬地给鸠摩罗什施以弟子礼，说道："罗什和尚啊，我虽然是你小乘学说的老师，但你是我大乘义理的老师啊！"

盘头达多皈依大乘学说，轰动了龟兹及周边国家，在龟兹，大乘学说在鸠摩罗什的宣扬下占据了主导地位。

三、吕光西征与鸠摩罗什的破戒

从鸠摩罗什由疏勒国返回龟兹和母亲耆婆远走天竺算起，罗什在龟兹国停留传法二十年。在这二十年中，随着龟兹王室的大力支持和四方僧众信徒的前来求学问道，鸠摩罗什的名气越来越大，文献中说他"道流西域，名被东川"，就是说远在中原的僧俗各界，都曾从东来传法的西域僧人和使者口中听到了关于他的很多信息。

据说东晋本无宗的一代名僧道安就曾听到过鸠摩罗什的大名，道安曾建议前秦君主苻坚到西域迎罗什来中原讲经说法，可惜道安在公元385年在长安五重寺圆寂，没能同鸠摩罗什相见。而鸠摩罗什也久闻道安大名，赞他为"东方圣人"，真可谓英雄相惜啊！

这种贤哲之间远隔万重山的心心相印，预示着鸠摩罗什同东土中原的慈悲因缘。

在鸠摩罗什随母出外求学的岁月，龟兹国是臣服于建都姑臧（今甘肃武威市）的中原北方政权前凉的，国势相对比较安定。公元376年，氐族人以长安（今陕西西安）为都城建立的前秦政权，出兵攻灭了国力日益衰微的前凉，构建了以姑臧为中心的西部统治体系。前秦国王苻坚力图恢复中西交通、统一西域各国，当时的西域各个小国闻听凉州为前秦占据，纷纷派遣使者到长安朝拜国王、贡献地方特产以示祝贺和交好，接受前秦的统治。可是这时候在西域各国中势力相对较大的龟兹和焉者却没来朝拜，这显然是有敌对情绪。对于踌躇满志想一统西域各国的苻坚来讲，龟兹和焉者的拒绝朝拜明显是对他作为宗主国权威的挑战，要远征这两个国家的计划，这时候可能就在他的头脑中形成了。

当然，这次远征还有很多促成因素。

早在苻坚尚未攻灭前凉的时候，西域前部王和龟兹国王帛纯的弟弟帛震到长安来朝拜，就对苻坚说："西域物产丰富，有各种中土没有的奇珍异宝，请大王您发兵安定西域，我们都会臣服您。"可惜当时的苻坚还无力西征。苻坚建元十三年（377），掌管天文的太史向苻坚奏报说："有星出现在外国分野星空的位置，这预示着将有圣人来辅佐皇帝治理天下。如果能得到这个圣人，国家将会繁荣昌盛、江山永固。"苻坚听后说："朕听说西域有个鸠摩罗什，襄阳有个高僧道安，难道这个新出现的星预示着这两个圣人将会来辅佐我?"在同年二月，苻坚的大军攻陷了东晋的襄阳，他立刻就将在襄阳传道的高僧道安和著名才子习凿齿送到了长安。道安到达后，苻坚给他最高的礼遇，奉为佛教最高领袖，做自己的最高政治顾问，连出游的时候都跟道安乘同一辆车。苻坚高兴地说："朕以十万大军攻陷襄阳，最大的收获就是得到了一个半圣人，安公（道安）是一个圣人，那习凿齿也是半个圣人啊。"

苻坚得到了"东方圣人"道安做他的政治顾问，当然就更想得到西域圣人鸠摩罗什了。到了建元十七年二月，距离凉州最近的两个西域小国鄯善、车师国国王来到长安，请求苻坚出兵讨伐龟兹、焉耆国，这就使得苻坚出兵西域的决心更加坚定。

建元十九年正月，苻坚派遣骁骑将军吕光、陵江将军姜飞，在西域前部王及车师王的引导下，出兵讨伐龟兹和焉者。对前秦国王苻坚来讲，历史的机遇决定了这是一次具有悲壮意义的远征，对他而言，也许这是一次错误的决定。苻坚一面准备着同东晋政权展开统一南方的大决战，一面命吕光带精兵十万、铁骑五千，远征西域。

苻坚在同东晋决战前夕，不惜冒险分兵西征，预想要达到几个目的：一是使用以攻为守的战略，平定西域，确保前秦政权的西部大后方；二是通过这次远征得到西域的良马神骏，充实自己军队的战斗力；三是希望能罗致高僧，得到"西域圣人"鸠摩罗什，借助佛教的力量巩固他在北方的统治，扩展前秦在西域的势力。

吕光率西征大军出发前，苻坚在长安建章宫为他饯行。苻坚对吕光说："朕知道帝王只有顺应天意民心方可治理好天下，而天下是否得到了好的治理，应该以天下百姓是否安居乐业为标准来衡量，而不能为贪占国土的广大而乱行征伐。朕听说龟兹有个高僧叫鸠摩罗什，此人深解佛法奥妙，擅长阴阳历算之学，是西域学问的一代宗师。朕一直期望能得到他的辅佐。智慧过人的贤哲是一个国家最为宝贵的财富，如果大军攻克了龟兹，一定要保护好鸠摩罗什，马上通过驿站快马把他送到长安来。"吕光领命而去。

吕光的大军约于383年秋末冬初抵达西域的高昌国，这时候他接到了苻坚大举进攻东晋的消息。随后，吕光的军队在渡过几百里的流沙之地后，抵达焉耆。当时的焉耆国王名叫泥流，他曾经跟龟兹和狨胡约定好了共同抵御中原军队，但是不知道为什么，焉耆国王几乎没怎么抵抗，很快就投降了。

在吕光的军队没有抵达龟兹之前，鸠摩罗什就向龟兹国王帛纯进言说："来自中原的军队是一支劲旅，龟兹的国力已经衰败，是无法抵抗他们的，只有委曲求全，才能保住您现有的地位，保护全国百姓的安宁啊。"帛纯哪里肯听罗什的劝解。他将城外的百姓都迁入城内，修筑深沟高垒，驻兵固守。吕光的军队到达后，两军相持达半年之久。在此期间，帛纯不惜花费大笔的金银财宝，求救于狨胡。狨胡是在龟兹、焉耆国附近游牧的一支羯胡部落，他们善于骑射，并且拥有非常精良的马上作战武器。狨胡王在收到龟兹国王的财宝后，很快便派自己的弟弟呐龙率领二十余万骑兵前来解救龟兹之围。这支军队弓马便捷、铠甲坚固，他们的到来竟使吕光的十万大军一时间惊慌失措。在这种情况下，吕光及时调整了作战方法，击退了猃胡，并一鼓作气，在建元二十年七月攻陷了龟兹王城。

王城沦陷，龟兹国王帛纯仓皇出逃，原来臣服龟兹的三十多个小国纷纷屈膝投降。吕光为安抚龟兹人，便立帛纯的弟弟帛震为王。在远方的其他西域小国听说焉耆、龟兹归顺吕光，也纷纷派人前来吕光驻扎的地方表示臣服之意。远在长安的苻坚听到这个消息非常高兴，重赏吕光。

吕光当然没有忘记出征前苻坚让他寻找鸠摩罗什的命令，于是就把这位"道流西域，名被东川"的高僧带到了军营中。384年鸠摩罗什刚刚四十岁，常年的寺院清苦生活并没能掩盖他年轻的锐气和光彩。吕光以为苻坚让他寻找的西域高僧是一个白发苍苍的慈悲长者，没想到鸠摩罗什竟然这么年轻，因而心底里就有点轻视他，把他作为一个平常僧人来对待。尤其可恶的是，吕光竟然要把龟兹国王的女儿强嫁给罗什。面临强暴势力，罗什坚决拒绝，苦苦哀求，可在粗鲁无理的吕光面前，哪里还能有一点的道理可讲。

鸠摩罗什是一个聪慧过人、神采飞扬的大智者，他在小节方面不是非常在意，所以吕光几乎是带着讥讽的口气说他："你这个大和尚啊，你在做人的操守方面没有超过你的父亲，当年你的父亲就是娶了龟兹国的公主，现在你还推辞什么呢？"在吕光的欺骗和暴力威胁下，鸠摩罗什被迫喝下了醇香的美酒，在醉醺醺的半昏迷状态下同龟兹国王的女儿被关在了同一个密闭的屋子里。我们不知道这个龟兹国王的女儿是帛纯的女儿还是帛震的女儿，但是在酒醉情迷的状态下，鸠摩罗什终于应验了二十多年前月支北山罗汉的"破戒"预言，同他的表妹结成了夫妻。

领受具足戒的一代名僧居然破了色戒，这对寺院僧团的戒律生活来讲，是非常耻辱的事情，但是鸠摩罗什坚韧地忍受了这种耻辱。

资料的有限性和历史人物的复杂性，使得我们不能恰如其分地理解和体味到鸠摩罗什当时的心情，但是在僧传中，无论是僧佑的《出三藏记集》还是慧皎的《高僧传》，早在罗什成名之前就安排好了"破戒"的这个预言。我们不得不相信，罗什的"破戒"也许真的是上天在冥冥之中圈定的宿命。从这个角度去看问题，我们就没必要为罗什的"破戒"感到惋惜和伤感了。可能罗什本人对这件事情也并不是十分在意，至少没有寺院戒律主义的僧人们那么在意和忌讳。罗什本人最在意的也许就是没能像龙树、提婆那样创作出鸿篇大论的著作，而是仅仅在中原做了一个佛经翻译家。

但是显而易见的是，像鸠摩罗什这样一个洞见如火、眼光深邃的贤哲，作为龟兹国的俘虏，落在吕光这样一个不好读书、只知道架鹰骑马的恶俗暴徒的掌控之下，日复一日地开始接受那些屈辱的戏弄，确实是一件痛苦的事情。

破戒后的罗什，在吕光的眼里已经完全没有了高僧的光环，他有时候故意让罗什骑牛或者骑那些尚未驯服的马，结果罗什屡屡被摔得鼻青脸肿，吕光以此而取乐。在这种屈辱的戏弄中，鸠摩罗什安之若素，没有一点惊慌失措或卑下求全的神色。他的这种慈悲宽容的智慧气度，倒弄得心怀恶念的吕光心底惭愧万分，了无意趣地停止了这种戏弄。

多年前鄯善国王、车师国王鼓动符坚发兵西域，就以西域的丰富物产与奇珍异宝作诱惑。如今身临其境的吕光见龟兹地区物产丰饶、人民富足，气候环境都相当舒适，便十分留恋，有意长期居留，割据一方做个土皇帝，所以就一直拖延着返回中原的日期。这时候，鸠摩罗什明白了吕光的意思，就规劝他说："对你而言，这里是个凶亡之地，不适合长期居留下去。如果你回归中原，在所经过的途中是可以找到适合建立政权的地方的。"显然，无论在种族、历史、文化还是语言等方面，龟兹同中原还是有很大的差别，作为征服者的吕光如果留在龟兹，肯定很难维持统治，于是他听从了鸠摩罗什的建议，决定返回中原。

建元二十一年（385）三月，吕光带着骏马万余匹，满载战利品踏上了回归中原的路程。回归的队伍成了一个运宝的运输队，光骆驼就有两千多头，驮着掠夺来的大批奇珍异宝。伟大的贤哲鸠摩罗什也在这支队伍中，开始了他向东土中原传教的征程。

根据文献中一星半点的记载，我们可以推断，罗什离开龟兹的时候，可能也带了一些重要的佛教经典或佛像之类的东西，在《续高僧传》卷二十四《释慧乘传》载，隋代僧人慧乘在开皇十二年（592）"于东都（洛阳）图写龟兹国檀像，举高丈六，即是后秦罗什所负来者"。由此记载可见，鸠摩罗什此次至少带来了佛的"檀像"，并且此像一直流传到了隋代尚存。

又据传说，在这次远行中，鸠摩罗什骑着一匹白马，走到敦煌附近的时候白马不幸身死，后人就在当地建了一座佛塔纪念这件事情。虽然在敦煌郊区有这样一座九层白塔，民间关于这座塔与鸠摩罗什坐骑的传说也是栩栩如生，但史无明文，也许这仅仅是后人的一个附会而已。

二十多年前，罗什向他的母亲保证无论有多大的困难，他也要把大乘的慈悲精神传扬到中原去，让大乘菩萨的智慧光焰照亮黎民百姓的心灵。他没有想到的是，他居然是作为俘虏开始了他的东去传教之路。

四、鸠摩罗什对西域佛教的影响

罗什被吕光掳走后，龟兹的大乘佛教受到了重创，小乘有部学说很快再次流行开来。但是，这并不表明鸠摩罗什对龟兹佛教、西域佛教影响的结束。

罗什对于西域佛教的发展，从历史时段来看，有三方面的影响。

首先是罗什求学罽宾，对于"说一切有部"学说在疏勒、龟兹等国的广泛传播与宣扬起到了一定的促进作用。

罗什求学罽宾，追随盘头达多大师学习的主要是阿含部经典，在学成返回龟兹的途中，滞留疏勒，受到疏勒小乘高僧喜见大师推崇，在疏勒国王的支持下开坛讲经。其知识与辩才赢得了疏勒僧俗知识界的认可与敬仰。正是由于他对"说一切有部"典籍的宣扬，以至于引起了龟兹国王的重视，派使者到疏勒国表示敬意。鸠摩罗什对"说一切有部"学说的解说宣扬，在一定程度上还起到了"文化搭桥"的作用，加强了疏勒、龟兹两国之间的友谊，使得疏勒这样一个相对弱小的国家得到了龟兹的认同。

其次，罗什在疏勒国改信大乘佛教，不仅仅反映了他自己思想的变化，对当时以王族为首举国崇信佛教的疏勒、龟兹而言，实质上是一场巨大的社会变革。这种变革对于佛教盛行的整个西域的影响是深远的。罗什所弘扬的大乘中观思想，以积极和开放的心态，冲击了当时在西域流行的保守、消极的"说一切有部"，促进了社会文化的交流。

罗什之所以能在小乘流行的龟兹将大乘佛教发扬光大，与他的个人知识修养及杰出的辩才有关，更与龟兹王室和小乘高僧的支持有关，尤其是龟兹国阿竭耶末帝公主支持罗什讲经说法，罽宾小乘高僧盘头达多大师在鸠摩罗什的引导下归依大乘，对整个西域佛教界的震动是不言而喻的。

再次，大乘佛教在中原地区传播后，又回流西域，此乃罗什对于西域佛教影响的一个重要方面。

罗什一生在西域弘法四十三年，是他最为得志的时期，所以即使在他离开之后，其对西域佛教的发展影响仍然是不可低估的，最为突出的表现就是罗什到长安译出大乘般若类经典后，这些汉文经典又随着西域僧人、中原僧人的求学传道而传到了西域，形成了大乘经典和思想从中原地区向西域倒流的文化现象，并最终在隋唐时代将以龟兹佛教为典型代表的西域佛教推到了一个鼎盛时期，这是罗什对于西域佛教发展的一大贡献。

西域大乘佛教一直与汉文化有密切的联系，罗什在中原传播的大乘佛教对西域的回流，可以从现有出土文献中找到很多例证。如吐鲁番地区出土的八件有题记可确定为北凉的佛经写经，其中有六件为罗什所译的作品，而且都是大乘经典。在高昌出土的佛塔上刻《佛说十二因缘经》是罗什译本。北凉时期吐峪沟石窟壁画，其内容也多是根据罗什的译经而绘制的。所以，该地盛行抄写佛经，大乘经典尤为流行，建寺造塔、塑像绘画、坐禅修行也广为传播，这些都和罗什的影响分不开。法国学者认为，现知的吐火罗语文献绝大多数都是汉文佛教文献的翻译或改编，于是出现了一些专门为表达佛教概念而创制的特殊词句，这些不同的词句在同一文献中并存。学者们经过研究认为，在整个西域出土的梵汉文《法华经》中，汉译罗什本写卷就有一千余号，而在敦煌也有二百余号罗什写本出土，并且敦煌现存的六十余幅《法华经》经变画也是根据罗什本绘制的。

第3章

从凉州到长安：漫长的传道之路

公元385年至401年，鸠摩罗什是在凉州的姑臧（今甘肃武威市）度过的。

在这十七年的漫长岁月里，罗什几乎就是被吕光软禁了起来，在佛教方面没有取得什么惊人的成就。

吕光父子对弘扬佛教没有一点热情，鸠摩罗什盖世的才华和风采被强权严严实实地捆绑、冷冻了起来。这时候的姑臧，由于西域诸国的依附后凉政权，往来的僧侣是不少的，可是我们看不到这些僧侣同罗什有什么来往的记载。学者们推测这时候的罗什不是吕光政权的佛教国师，而只是可有可无的政治上的顾问。

十七年默默无声的异域生活，为罗什打下了汉语言的深厚基础。鸠摩罗什到达长安后，后秦君主姚兴以国师之礼相待，在长安的逍遥园开译佛经。

一、身陷凉州，游戏于阴阳卜祝之间

在吕光率军东归的途中，中原地区的政治形势发生了急剧的变化。建元二十一年（385）七月，在同东晋大军决战的淝水之战中，前秦王苻坚亲率的九十余万大军被谢石、谢玄统率的东晋军队打败，苻坚被擒。同年八月，苻坚被后秦王姚苌缢杀。九月，吕光的军队到达姑臧，听到了苻坚兵败被杀的消息后，吕光一方面三军缟素，哀悼苻坚，一方面兵驻姑臧，自称凉州牧。到次年十月，正式在姑臧建立地方政权，建号太安，历史上把他建立的这个政权称作后凉。

这样，原本是苻坚要罗致来做政治顾问的鸠摩罗什，只好在凉州的姑臧停留了下来。吕光、吕纂父子无心宣扬佛教，只是把鸠摩罗什当成了阴阳先生，平时只是向他问问吉凶。

吕光父子之所以这样看待鸠摩罗什，原因在于他们从龟兹返回中原的途中，鸠摩罗什曾展示过他在这方面的手段。当年罗什在疏勒国的时候，读了大量的阴阳历算等方面的典籍，用这些知识来对付像吕光这样粗俗不读书的人，那还真是得心应手。他们在路途中有一次扎营在山下，鸠摩罗什根据地势及当地的天气情况作出判断，他告诉吕光说一定要移营山上，留在山下，晚上必定会出现狼狈不堪的事情。吕光哪里会听罗什的这个警告，结果到了晚上大雨倾盆而下，山洪暴发，水深数丈，淹死了好几千人。正是因为这件事情，所以回到凉州的吕光总是把鸠摩罗什当作会算卦的阴阳先生来使唤。

其实，在早期的佛教传播史上，传教的僧人们为了吸引世俗的关注，往往借助一些神异的手段或医疗、法术等吸引信徒和民众。鸠摩罗什的前辈，先他而来传教的龟兹名僧佛图澄就是这方面的高手，据说他把麻油混合女人的胭脂涂在自己的手掌上，就像我们现在看电视一样，能在手掌里看见几千里以外的事情，当然这只是一些幻术之类的传教手段。很多迹象表明，鸠摩罗什其实不喜欢神异这一套把戏。

来到姑臧的鸠摩罗什也确实没有什么事情好做，他唯一能发挥的作用就是给吕光政权提供一些参考意见。这些参考意见的提出，往往夹杂着一些神异的色彩，给后人留下一些千奇百怪的小故事。

比如后凉太安二年（387）正月，姑臧突然刮了一场大风，鸠摩罗什觉得这场风来得好是奇怪，于是预言说："这是一场不祥之风，预示着当有奸佞之辈图谋叛乱，但是叛乱难成，不用平定就会自己衰败。"果然不久之后，吕光属下的部将梁谦及张掖太守彭晃相继造反，但很快就被平定了。

后凉龙飞二年（397），张掖卢水胡人且渠男成与从弟且渠蒙逊起兵对抗后凉政权，并公推京兆人段业为大都督、凉州牧，在张掖（今甘肃张掖市）建立了历史上称为北凉的地方政权。吕光派遣庶子吕纂率五万精兵前去征讨，当时吕光的谋士、将军们都认为段业、且渠蒙逊都只不过是些乌合之众，没能力同吕纂的五万大军相抗衡。只有鸠摩罗什对吕光说："大王，这次讨伐恐怕只会带来不利的结果。"吕光没有听从罗什的建议。

这种出兵打仗的事，如果事先对形势与双方的力量有所了解的话，还是能作出一些正确的事前判断来的。不过我们对勘《晋书》中的相关记载，证明罗什的这两个预言并不那么准确。吕光当政，残暴不仁而刚愎自用，一贯赖于武力而无丝毫文治之策，手下的那些大将和凉州地区的土霸王们发动的叛乱时有发生，如386年至389年三年内就有张大豫叛乱、李隰叛乱、康宁叛乱、彭晃叛乱等；至于吕纂出兵平定且渠氏叛乱，还是胜多于败的，至少罗什预言的397年的这次吕纂出兵征讨且渠蒙逊是取得了胜利的。吕纂与且渠蒙逊战于匆谷（今甘肃省山丹县境内），结果蒙逊大败，引随从六七人逃往山中。

还有一个故事是说鸠摩罗什对疾病的判断，在这个故事里，最神异的是鸠摩罗什居然表演了一个烧绳子成灰然后再还原的小戏法，看来在单调、乏味的软禁生活中，鸠摩罗什也没有忘记玩玩他学来的那些幻术一类的小把戏。

据说吕光非常器重的中书监张资得了一种疑难病，吕光出重金请外国道人罗叉来诊治，鸠摩罗什告诉张资："罗叉治不了你的病，只不过是白白花钱罢了。一切事情都有冥冥之中的定数，如果你不相信，我可以证明给你看。"罗什拿来一段五色丝线编成的绳索，说："我把它团在一起，烧成灰末投入水中。如果绳灰能出水还原为绳，那就证明你的病不可治愈，反之则否。"于是如其言而烧绳成灰，投入水中。不一会儿，水中的绳灰自动聚在一起，很快还原成原来的绳子浮在了水面上。果然，罗叉虽然费了九牛二虎之力，也没能挽救回张资的生命。

看来这个才华横溢的鸠摩罗什对于"心理疗法"没有什么研究，明知道张资的病无法治愈，还用这种"烧绳子"的把戏来破坏他仅存的侥幸求生心理，这就有点不厚道了。不过吕光统治河西的时候，搜刮民间，残暴无道，那么他所器重的这个张资，也可能就是一肚子坏水的助纣为虐之徒，鸠摩罗什一反常态地在这件事情上推波助澜，是不是有一定的深意，也未可知。

后凉龙飞四年（399），吕光病死，嫡长子吕绍继承王位，号称天王。可惜这个天王无法驾驭自己的两个弟弟，不几天就被迫自杀，吕纂继位，掌握了后凉的统治权，改元咸宁。

咸宁二年（400），凉州出现了很多怪异的事情。有人报告说，一个才出生的小猪长了三个头；还有人说，有龙从后凉王宫的井里出来，在大殿前卧了一个晚上，到第二天天亮的时候却不知所踪。吕纂听说龙卧大殿这件事情后，非常兴奋，认为这是祥瑞之兆，于是就把那个大殿改名为"龙翔殿"。过了一段时间，据说有黑龙在九宫门前升天而去，于是吕纂就改九宫门为"龙兴门"。

鸠摩罗什听到这些奇异的事情后，就向吕纂进言说："潜龙出游人间，这是妖异之象啊。大王您想一想，龙属于天地之间的阴类，出入都是有规律、守时辰的，现在这么频繁地在王城出现龙的身影，这是一种灾异的象征。我认为这必定是有人要犯上叛乱，大王应该谨言慎行、修身明德，以此来回应老天对你的警告。"吕纂哪里听得进去。

有一次吕纂同鸠摩罗什下棋，吃了罗什的一子，就大喊道："哈，斩胡奴的头啦！"鸠摩罗什一语双关地回答说："就怕大王斩不了胡奴头，反倒让胡奴斩了人头啊！"罗什说的这句话自然含有规劝的深意，但是吕纂这样的勇武匹夫是不可能理解他的意思的！

原来，吕光有个侄子叫吕超，小名胡奴，当时此人已对吕纂的王位虎视眈眈。下棋时吕纂说的"胡奴"，是他对鸠摩罗什这个西域"胡人"的侮辱性的称呼，而鸠摩罗什回答的"胡奴"则是指吕纂的堂弟吕超。果然，咸宁三年（401），吕纂就被他的堂弟吕超杀死。

由上面的这几个小故事来看，鸠摩罗什精通医道、幻术及各类杂学，在不能弘扬佛法的情况下，他就是靠着这些对他来说就像小游戏一样的技艺，周旋在吕光、吕纂父子的虎狼窝里。虽然他的大智慧不能在这里得到施展和体现，但是在凉州的十七年里，是鸠摩罗什学习汉语的最好时机，这为他以后翻译佛经打下了良好的基础。

二、罗什之前的中原佛教及佛经翻译情况

在385年至401年的十七年时间里，我们在文献中找不到一丁点儿关于罗什同河西地区佛教界交往的记载。吕光政权的压抑佛教与连年兵锋交加，截断了敦煌—张掖—姑臧—长安的佛教流传之路。就连399年法显西行求法，也没有经过姑臧，而是通过今天的兰州直接走西宁，过扁都口北上张掖。

公元401年七月，后秦国王姚兴派其手下大将陇西公姚硕德统兵六万，渡过金城河，发动了对后凉的进攻。八月，后秦军队就打到了姑臧城下，九月吕超上表请降。这样，信奉佛教的后秦国王姚兴把鸠摩罗什迎到了长安。

从前秦国王苻坚派吕光西伐龟兹、求取鸠摩罗什，到罗什摆脱凉州那半囚禁似的生活，整整十九年。那个意图得到鸠摩罗什这个西域圣人辅佐的苻坚，已经成了后秦的刀下之鬼，而他所求取的圣人，终于来到了长安。

此时的长安已经是中国佛教传播和佛经翻译的一个重镇，自西晋灭亡后，相继而起的几个政权都在长安大力支持过佛教的传播和发展。

362年西晋灭亡，北部中国陷入了十六国的混战之中，从漠北南下和内迁的胡人羯、氐、羌等民族纷纷进入中原，建立政权。在北方先后建国的后赵、前秦、后秦等大国，佛教都受到了最高统治者的支持，发展迅速。后赵是羯人石勒于312年

建立的，定都襄国（今河北邢台）。石勒把来自西域的神僧佛图澄尊为国师，以神异大兴佛教；氐族建立的前秦在 379 年攻破襄阳，延请名僧道安到长安，开场译经，大弘法化；385 年由羌人姚苌建立的后秦，更是对佛教情有独钟。姚苌久慕鸠摩罗什之名，曾邀请鸠摩罗什前往长安译经传道，可是吕光怕鸠摩罗什为姚苌出谋划策，因而强行扣留罗什，不许他入关东行；姚苌死后，其子姚兴继位为后秦国王，于 384 年挥师灭了前秦，占据长安，进入了这个佛教中心。这时候的姚兴也曾遣使到姑臧邀请罗什入关，可是后凉哪里肯放罗什东行呢?

后凉的被灭，终于使得罗什在 401 年结束了半囚徒似的无奈生活，这时的鸠摩罗什已经五十八岁了。据说在后秦弘始三年三月的时候，长安发现了连理树，并且在长安北郊的逍遥园也出现了祥瑞之兆，那些对异常现象有观察经验的官员和学者就推断说，这些都预示着要有智慧无比的人到长安来。如果这个传说不是僧人传记作家虚构的话，那么鸠摩罗什的东向长安，确实是长安这个佛教传播中心期盼已久的事了。

这时候的中国佛教，正处在一个发展的关键阶段，面临着多方面迫切需要解决的问题。

首先，佛教虽然已经在中原扎根，但是由于语言方面的障碍，佛经的翻译这时候却走到了一个停滞不前的关口，中原佛学需要新的更为流畅的佛经译本。

其次，随着早期大乘般若类典籍的翻译流传，般若学说与中原本土的玄学发生了交融，佛学开始了本土化的进程，现有的译家译作已经远远不能适应当时佛教思想发展的需要。尤其是随着像道安这样学养深厚的高僧对于现有佛经的解说与宣扬，其弟子中以庐山慧远为代表的一批学问僧，已经对于大乘学尤其是般若学的最新思想成果有着迫切的渴求。

佛教自东汉明帝时代传入中国，当时曾奉行的佛典《四十二章经》其具体翻译来源如何，已经不清楚了。但是从道安编撰的较早而可信的经录《综理众经目录》及僧佑的《出三藏记集》的记载来看，早期翻译佛经的有两人，一是公元147年来到东汉洛阳的西域安息国王子安世高，另一是167年来到洛阳的西域月氏人支娄迦谶。安世高是最早以汉文系统翻译佛经的著名译家，他译出佛经三十五部，共四十一卷，代表性的有《安般守意经》《阴持入经》《人本欲生经》《大十二门经》等"说一切有部"经典，所以安世高译经主要是小乘经典，并且长于"禅数"。支娄迦谶译出三十部，十四卷，代表性的有《般若道行》《首楞严》等大乘般若类典籍，支娄迦谶是最早将佛教大乘经籍译为汉文的著名翻译家。

此后，最著名、成就最大的佛经翻译家就数竺法护了。竺法护原来是侨居敦煌的月氏人，是西晋时期的高僧，被僧俗誉之为"敦煌菩萨"。他曾跟随老师印度名僧竺高座去西域求学，遍学西域三十六国的语言，并且求师问道，搜罗大乘佛经。竺法护回国后，从西晋太始二年（266）开始翻译佛经，直到永嘉二年（308）年去世，四十多年的时间翻译了一百五十九部佛经，共三百零九卷。

就翻译质量来看，安世高、支娄迦谶虽然也都通汉语，但是翻译方面还是不能做到词旨流畅、表达准确。竺法护既通晓汉语，又懂得西域三十六国的语言，他的翻译数量惊人，大小乘兼备，但主要偏重于大乘学，而且翻译质量也很高，但是在文辞流畅与优美方面还是有所欠缺。

而鸠摩罗什的到来，正好接续了"敦煌菩萨"竺法护的翻译事业。

后秦国王姚兴对仰慕已久的鸠摩罗什的到来非常欣慰，把鸠摩罗什安排在西明阁及逍遥园译经，在草堂寺讲经，用国师之礼来接待罗什——这真是冥冥之中的定数啊。当年罗什的父亲离开天竺、远赴龟兹，就得到了龟兹国"国师"的待遇；如今他的儿子罗什——曾誓言要不畏艰险在中原传播大乘佛教的智慧高僧，也得到了"国师"这样的礼遇。

姚兴作为一国之主，以这样隆重尊贵的礼节来对待鸠摩罗什，这是中国佛教发展史上的一个重要转折点。挟权势与兵锋的国君对佛教的支持，是中国佛教迅速发展的重要前提。从这一点来讲，姚兴算得上是中国佛教发展史上的重要人物。我们可以作个简单的对比，如果姚兴是像吕光一样的刚愎残暴、不信佛教的国君，也将鸠摩罗什软禁起来，也许就不会有我们今天所读到的那些行文优美、意旨深邃的大乘佛经的汉文译本，而中国社会和文化将会是另一种色调。

三、姚兴崇佛与鸠摩罗什译场的建立

佛教在印度的时候是一个成长在城市里的宗教，从佛经的记载来看，佛教徒同商人的关系非常密切，就连释迦牟尼刚刚成道从菩提树下站起来，向他奉献食品的就是两个商人。佛教的传播也往往是僧人同商人结伴而行，所以商人既是僧人的同路人，也是寺院的施舍赞助者。可是佛教传到中国后，情形就不一样了，佛教不是在人民群众中扎根，而是得到了皇帝和王公的垂青。

后秦国王姚兴不仅仅是感兴趣于对佛教的简单崇信，而是非常看重对经典的翻译和佛经义理的探讨，这说明自东汉以来，随着佛教的传播，像姚兴这样的上层贵族对于佛教的认识已经达到了一个很高的水平。

姚兴是后秦开创者姚苌的长子，是一个热爱读书但不完全沉迷于书本的人。姚苌率军出征的时候，总是把后方的一切事情都交给姚兴来统率调度，但是即使是在兵荒马乱的情况下，姚兴也没有中断同一些儒生官员讲经论籍的研习活动。显然，姚兴不仅仅是对佛学非常感兴趣，对于儒学当然也是非常支持的。当时的一些有名的儒生如天水姜龛、东平淳于岐等都在长安招收门徒，据记载自远方而来学习者有成千上万的人，姚兴自己也经常去听这些学者讲课，共同探讨儒家经义。

掌握权势与知识的人，最难得的就是要有宽阔的心胸。姚兴看来是属于这类有大气量、大格局的精英。

从史书中记载的几件事情可以看出姚兴的宽阔心胸来。

据说姚兴非常喜欢打猎，有一次打猎归来天已经黑了，姚兴一行想从平朔门驰马而进，可是把守平朔门的城门校尉王满聪披甲执杖、关闭城门就是不让他们进来，说："现在天已经昏黄，我在城上无法分辨你们是敌是友。即使因此而得罪皇帝被杀头，我也不能冒险给你们开门。"不得已，姚兴只好从另一个城门进城。第二天，姚兴不但没有怪罪这个城门校尉，而且还嘉奖了他。

姚兴这个人确实有很多优点，譬如他很节俭，车马用度很少装饰金银珠宝等奢侈品，如果说此人还有些不尽如人意的地方的话，就是太喜欢打猎了，以至于有时候会毁了农家的麦田，大臣们屡次上谏劝阻，也没有什么效果。于是杜挺写了《丰草诗》、相云作《德猎赋》以讽谏。姚兴读后不但不见怪，还非常欣赏他们的文采，给予重赏，但就是改不了纵马打猎的这个爱好。

姚兴对于儒生与学者确实是有惺惺相惜的感情。他下诏求取贤才，并且同大臣们商议这件事情，有人说现在缺少贤才，姚兴当即反驳说："古人有言，'关东出相，关西出将，三秦饶俊异，汝颍多奇士'，各位看来是对于贤才的选拔没有足够的认识，怎么能反过来说四海之内没有贤才呢？"姚兴的这个看法确实是非常高明的，因为他自己对于贤才就讲究个包容性，无论是儒学还是佛学学者都大力支持，甚至允许自己境内的学者，到敌国去学习。

远在前秦末年，凉州著名学者胡辩到苻坚政权控制的洛阳招收门徒，讲经传道，有学生千余人，关中的很多青年学子纷纷到洛阳拜师学习。为此，姚兴专门给在关隘上把守的大将下了一道命令，大意是说："青年学子出境寻访高师，学习经典与技艺，这是修养德行、增长知识的好事情。各个关口，对他们的往来出入要提供方便，就不要局限于那些一般规定的条条框框了。"由此可见姚兴的宽宏大量和对于知识阶层的爱护。

对姚兴来讲，佛教信仰可能有两方面的意义：首先是出于他本人对新知识的追求；其次则是出于利用佛教来加强统治的需要。

"佛本戎神"，而后秦政权也是"胡人"——羌族建立的，"胡人"在以汉民族为中心的中原儒家文化体系里是不开化的"异族"，那么寻求崭新的知识体系以支持自己的政权，就是当时北方的少数民族政权建立自己的"正统性"的需要。

在凉州无可奈何地以阴阳算卦而聊以自慰的鸠摩罗什，能碰到姚兴这样一个对知识具有渴求欲望、对智者能在理解的基础上尊敬的统治者，也是一件幸事。

至此可以说，罗什的博学、后秦的国力支持、姚兴的宽宏好智，三者结合在一起，就促成了中国文化史上一场规模宏大的佛经翻译事业。

姚兴把国师鸠摩罗什先后安置在西明阁、澄玄堂、逍遥园、大寺等地译经讲道。西明阁和澄玄堂在哪里，具体的位置现在已经很难考证；逍遥园离长安不远，就坐落在渭水的北岸，而大寺就是今天陕西西安市户县的草堂寺。姚兴还在长安永贵里修建了佛塔，在皇宫中修建了一座波若台，供罗什及高僧大德们在这个台上坐禅修炼。在姚兴的提倡下，据说后秦的佛教信徒急剧扩大，十家就有九家是信仰佛教的，这个比例确实很高。

罗什的到来，让姚兴非常兴奋，有时候整天跟鸠摩罗什在一起酬对应答。他还经常到逍遥园同罗什的弟子及那些慕名而来的僧人一起听罗什讲经。同罗什在一起讨论经义、商谈国事，姚兴总是兴致勃勃、不知疲倦。

不仅如此，姚兴还认为佛教是一个以宣扬"行善"为宗旨的宗教，人只有做到了"善"，一切从"善"出发，才能修证佛法，超脱人世间的苦难，为此他还专门写了《通三世论》这篇文章，来解释人生的因缘果报关系，这种举动使得他的那些王公大臣也都纷纷以"行善"相标榜，这显然是有利于整个社会的。

这篇《通三世论》写好后，姚兴专门给鸠摩罗什写了一封信，请罗什给他的这篇文章提意见，这封信与罗什的回信都保存在唐代道宣编的《广弘明集》卷二十一中。在这封信中，姚兴很谦虚地说自己通三世的说法是"孟浪之言"，认为"三世一统，循环为用。过去虽灭，其理常在"，阐述了自己对于三世因果报应理论依据的理解。鸠摩罗什也很快写了一封回信，就三世之有无作了详细解说，并且赞誉姚兴的《通三世论》为"雅论"。

姚兴与罗什最精彩的合作就是对《大品般若经》的翻译。

《大品般若经》又称作《大品经》，是相对《小品经》而言的，以其篇幅长而得名。汉文《大品般若经》有四译本，首先是西晋的无罗叉和竺叔兰于291年所译的《放光般若经》三十卷，其次有竺法护于286年所译《光赞般若经》十五卷，最后是鸠摩罗什译《摩诃般若经》二十七卷，到唐代玄奘于662年译出《大般若经》。

《大品般若经》讲的是佛教大乘的基础理论，是把握佛教真理、达到觉悟解脱的重要经典，但是前人的翻译错讹较多，存在很多问题，所以鸠摩罗什才决定重新翻译《大品般若经》。

403年，这场精彩的翻译盛事在长安逍遥园拉开了序幕。

这次译经，阵容华贵而庄严。鸠摩罗什手持《大品般若经》的梵文原本，后秦国王姚兴手持前人的汉文翻译本——可能就是竺法护翻译的《光赞般若经》，鸠摩罗什翻译梵本，姚兴就根据竺法护的"旧译本"跟他逐字逐句地相互对照。而以鸠摩罗什的弟子僧䂮、僧迁、法钦、道流、道恒、道标、僧睿、僧肇等为主的八百僧人，一边共同听鸠摩罗什译出新经，一边互相切磋。在他们的共同努力下，逐字逐句将旧译与新译对照讨论，这样使得每一句译文都能文气顺畅，意思明确。

这次活动如此的细致、方法得当，所以翻译的质量很高，以至于后来唐代高僧玄奘译出的《大般若经》，都没有鸠摩罗什他们这次译的具有权威性。

四、中观 "三论" 的翻译与本土学问僧的培养

佛经汉译的初级阶段，东汉安世高和支娄迦谶为其巨擘。但当时由于佛教初传，人们对佛教十分生疏，对于艰深的教义更难于理解；并且由于佛经原本多系梵文、巴利文以及由此转译的中亚和西域古代语言，很难掌握；能够掌握的又须精通佛理，这样的人才就更为少见。所以，传译不易，流通更难。《出三藏记集》卷一分析这种难处："或善胡意而不了汉旨，或明汉文而不晓胡义，"很难尽如人意。为了宗教的传播，外来的译经僧往往与汉地沙门和居士合作译经，这种做法持续了很长时间，到鸠摩罗什才有了一定改变。这种改变主要体现在两方面，一是对于 "中观" 学说的翻译，给中原佛教界、思想界带来了最新的佛学思想；二是从鸠摩罗什译经开始，培养了大批的学问僧人，使得中国佛经的翻译摆脱了对传统的世俗儒学知识分子依赖的局面。

从罗什翻译的佛经来看，主要是般若类经典，特别是龙树空宗一系的作品，他弘扬了大乘空宗之中观学。对于中观派之空，有十八空之说，空得非常彻底，而所谓空，乃是自性空，以色而论，色当体就是空的，这种空不是任何人强加的，是 "色即是空，空即是色"，而不是支道林的 "色即是空，色复异空"。

在印度中观派的论著中，鸠摩罗什较早译出的是《大智度论》（后秦弘始四年至七年，402～405），此书是龙树对《摩诃般若波罗蜜经》的注释书。原本篇幅巨大，罗什汉译本仅全译了初品，其余的是略译（汉译本有一百卷，初品占三十四卷）。

龙树在《大智度论》中虽以《般若经》原经为叙述基本线索，但在解释原经时实际作了很多发挥，对原经中杂乱之处作了归纳，提出了自己的新看法。也就是说，龙树论述的绝大部分是依据《般若经》中的观点，有不少则是龙树自己的新观点，未必都与所注经典的原义相符。因而《大智度论》实际包含中观派对《般若经》思想发展了的成分。鸠摩罗什将此书译出，一方面对中国佛学界（或思想界）理解《般若经》的原典真实思想有很大的帮助，另一方面也使中国人第一次接触到了印度大乘佛教中观派的一些基本观点，对印度般若学说鼎盛时期的理论有了了解。在后秦弘始四年（402），鸠摩罗什曾译《百论》，但因"方言未融"等，译得不太成功，后又于弘始六年（404）重新校译，出《百论》两卷。《百论》是中观派的三部重要著作之一，为提婆所著。提婆在《百论》中通过破除印度古代数论派、胜论派等所谓"外道"的理论来弘扬中观派的学说，表现出中观派的"破邪显正"的思想方法，在实施否定形态的思维方法上（对"破邪"的重视程度）比龙树还要突出，充分展示了般若中观学说的理论特色。在鸠摩罗什译《百论》之前，中国思想界是很少了解中观思想或感受不深的。鸠摩罗什在弘始十年译出了龙树的《十二门论》一卷，弘始十一年译出了《中论》四卷。《十二门论》是中观派基本理论的概要或入门之作，写得较略，但是重点很突出，学说脉络清晰。《中论》为中观派的代表作，全面系统地论述了该派的基本思想，是般若学说在印度发展过程中理论上所达到的一个高峰。

这些最新理论的翻译，使得聚集在鸠摩罗什身边的大批学问僧在起点上就接触到了佛学的最高研究成果，并且在翻译的过程中相互论难、讨论，促使他们很快成长为中国佛学界的著名学问僧。把翻译佛典与培养弟子结合起来，以推动佛教人才脱颖而出，是鸠摩罗什在关中弘法的重要特色。

姚兴把鸠摩罗什安排在西明阁及逍遥园译经，在草堂寺讲经，给他八百名僧人协助他工作。一些学有所成的僧人闻听罗什来到长安，都纷纷前来向他学习，著名的门徒有十多个，譬如有"十哲"之称的弟子僧䂮、僧肇、僧睿、道融、道生、昙影、慧严、慧观、道恒、道标，其中的僧䂮、僧肇、僧睿、道融、道生、昙影、慧严、慧观又被称为"八俊"，而僧睿、道融、道生、僧肇这四位最出色的弟子被称为"关中四子"。当然这些仅仅是最优秀的弟子，其实汇聚罗什门下学习的僧人何止这些啊。一时之间，长安名僧云集，据说汇聚于此的僧尼达五千余人，教学相长，法化大兴。

在鸠摩罗什之前，以支娄迦谶、竺法护等为代表的译经僧人，在来自西域诸国的一些佛教信徒和中国北方少数底层知识分子的帮助下，翻译佛经并抄写流传。应该说，这一时期由于经典翻译和传播的不充分，上层知识分子对佛教知识和伦理体系的了解还非常有限。并且，由于该时期中国政府有"西域人得立寺都邑，以奉其神，其汉人皆不得出家"的禁令，佛教没有得到统治集团的提倡和民众的广泛信仰，还不能对传统的知识或伦理体系构成消解作用，因而难以引起上层知识分子的足够关注。而以西域文字为主要书写语言的佛经的翻译，又确实需要本土知识分子的参与，所以不被主流的以官本位为中心的社会所容纳的底层知识分子就担当了这一角色。

鸠摩罗什自凉州入关之后，追随他的僧人多达五千多人，这些僧人聚集在后秦的都城长安，在草堂大寺和逍遥园翻译佛经，前后十二年时间，共翻译佛经三百余卷。在这个翻译佛经的过程中，大批具有佛教经典知识素养的僧人成长起来，迅速成为佛教经典翻译和佛教知识体系构筑的主要力量。《大唐内典录》对从后汉到唐代的译经僧俗人物作了详细梳理，我们发现，从"五胡乱华"之后，确切说自东晋开始，该书所开列出的译经僧俗人物其实就只有僧人而没有底层知识分子了。就是说，宗教知识分子已经完全取代了以前做译经助手的底层知识阶层。

第4章

罗什与他的老师佛陀耶舍和卑摩罗叉

过人的智慧往往同浓重的忧郁气质形影相伴，没有一种超越凡俗的思想不是孤独的，这是冥冥之中所命中注定的那些超凡哲人的宿命。

来到长安的鸠摩罗什，虽然在后秦的支持下建立了自己的译经道场，但是仅仅翻译佛经，并不是鸠摩罗什所求，他所追求的是对于佛陀思想的深入讨论，在他的心底，如果能把"毕竟空"的思想淋漓尽致地表达、演绎出来，可能才是最为珍贵的。

让他尴尬的是，来到长安的他，居然在后秦君主姚兴的诱导下，接二连三地破戒。

三千高僧大德围绕在他的身边，那种"会当凌绝顶，一览众山小"的孤独感，仍然时时困扰着他，也许，那些在疏勒、龟兹曾经跟他论难的老师会带给他畅快的感觉。可是，一而再、再而三地破戒，使得罗什处在一种极为尴尬的境地。

如果同长安僧团还可以用世俗的借口来搪塞破戒的事情，那么随着他的老师卑摩罗叉和佛陀耶舍的到来，作为很早就接受了"具足戒"的名震中亚的高僧，鸠摩罗什确实无法坦然面对自己的老师。

一、是耶非耶，鸠摩罗什三次破戒

　　戒律是约束僧人静心修炼的基础法门，佛教寺院与僧人在宗教生活上的权威地位，不仅仅取决于佛学的高深，更重要的是要看是否遵守了佛门的清静之规。佛教寺院生活的戒律分为"性戒"和"遮戒"。据《大涅槃经》卷二十一载，杀、盗、淫、妄语为"四性重戒"；而"遮戒"是指饮酒、做生意短斤少两等这种很容易引起世人讥议的小的犯规。

　　制定戒律的用意在于防非止恶，据说释迦牟尼佛在世的时候就制定了戒律，小乘佛教为适应在家、出家及男女之间的分别而相应地制定了五戒、八戒、十戒、具足戒等，大乘佛教不仅遵循以上诸戒，还制定了菩萨戒。

　　鸠摩罗什在龟兹所受的是小乘佛教的具足戒，"具足戒"就是但凡佛教禁止的所有律条都必须遵守，如按《四分律》的规定，比丘戒有二百五十条之多，就远远不是八戒、十戒能比的了。能领受"具足戒"的当然是修为级别非常高的僧人。但是，在鸠摩罗什一生中，他居然三次犯戒，而且犯的是"四性重戒"之中的"淫戒"。

　　罗什第一次犯戒是在 384 年，他刚刚四十岁，是龟兹国声誉如日中天的高僧，被前秦大将吕光威逼喝了大量醇香的美酒，同龟兹国王的女儿关在了一个密闭的屋子里。在酒醉情迷的状态下，鸠摩罗什终于应验了二十多年前月支北山罗汉的"破戒"预言，同他的表妹结成了夫妻。

384年，当前秦吕光大军攻破龟兹国都城的时候，龟兹国王帛纯带着大量金银财宝逃跑了，他有个女儿叫阿竭耶末帝，是鸠摩罗什的表妹。远在357年，当鸠摩罗什皈依大乘回到龟兹时，阿竭耶末帝就出家做了罗什的弟子，那么当国破之时，是不是阿竭耶末帝也随她的父亲一起逃亡了呢？可能性不是很大，因为同为王族成员的鸠摩罗什就没有随国王逃走，而是选择留在了龟兹王新寺。那么被吕光逼迫同罗什结为夫妻的那个"龟兹王女"很可能就是已经出家的阿竭耶末帝公主。

如果真是这样的话，罗什的第一次破戒，是一次双重的悲剧。鸠摩罗什这样一个智慧如繁花般开放的高僧大德，阿竭耶末帝公主这样一个道心如磐石般坚韧的佛门弟子，居然不得不结为夫妻，其间的酸楚实在难为人言。

让我们感到迷惑的是，就是这样一次可以称得上惊心动魄的破戒，居然在罗什洞房酒醒之后就变得无声无息。

也许是撰写僧传的佛教学者们真的对破戒之事非常忌讳，所以关于罗什的这次婚姻，我们再也找不到任何存在或结束的蛛丝马迹。鸠摩罗什在离开龟兹到身陷凉州的十七年时间里，这段姻缘是如何处理的？如果"龟兹王女"留在龟兹，她的生活肯定也是不堪的。显然，她并没有随罗什东来，留给后人的除了无尽的叹息，就是淡淡的惆怅。

第一次破戒是罗什不得不屈服于强权暴力的结果，可是罗什到达长安后的第二、第三次破戒就显得有些荒唐。

罗什的第二、第三次破戒，《高僧传》卷二《鸠摩罗什传》和《晋书》卷九十五《艺术传》的记载是不一致的。

据《高僧传》记载，罗什在长安再次破淫戒，完全是出于姚兴的逼迫。那位经常在逍遥园同鸠摩罗什讲经论道的后秦国王姚兴，有一次居然对罗什说："大师聪明超悟，天下莫二。若一旦后世，何可使法种无嗣。"姚兴担心鸠摩罗什一旦去世，像他这样聪明的人没有后代真是太可惜了，所以就为他选择了十个美貌的女子，逼迫鸠摩罗什同她们住在一起，希望能生出一大堆更聪明的后代。

《高僧传》的记载中，罗什在长安破戒只有一次，并且是在姚兴的逼迫下不得已接受了十个美女，可是据《晋书》的记载，罗什在长安破戒共有两次，并且有一次是主动提出来的。

据说有一天罗什在长安草堂寺庄严讲经，后秦国王姚兴与文武大臣、大德沙门一千多人在高座下认真肃穆地听罗什讲说经义。正当大家听得如痴如醉的时候，突然，鸠摩罗什停止了讲说，从高高的讲经座上站了起来，走向姚兴，并对他说："有两小儿登吾肩，欲鄣须妇人。"这真是令人目瞪口呆啊，在大庭广众之下，一代高僧居然说自己感到有两个小人精怪登上了自己的肩膀，要破灭这种精怪，就需要自己有女人。

我们不知道《晋书》的这个戏剧性情节是否有切实的史料来源，但是这真是惊世骇俗啊。姚兴也是有求必应，马上召一名宫女来，给鸠摩罗什做老婆。结果据说这个宫女很快就生下了两个孩子。这样一来，才引起了姚兴对鸠摩罗什"女人缘"的关注，他对鸠摩罗什说："大师聪明超悟，天下莫二。何可使法种少嗣。"于是姚兴又召来十个美女，逼迫鸠摩罗什接受。这就是鸠摩罗什在长安的先后两次破戒。

这样一来，鸠摩罗什的身边至少有了十一位夫人，既然有了这么庞大的妻妾阵容，罗什同僧人弟子们同住在僧房，自然就不是很适合了。于是，姚兴又为鸠摩罗什专门选择了单独的住处。

鸠摩罗什的这种超级艳遇，使得其他的僧人们也开始春心萌发，都想效仿老师也找个红颜知己。为了维护僧团的权威，据说鸠摩罗什在一个僧钵里放满了绣花针，当着弟子们的面一勺一勺地把这些针放进嘴里，就像吃饭那样若无其事地吃了下去，然后对弟子僧众们说："如果你们都能像我这样吃绣花针，那就可以像我一样讨老婆了。"众僧弟子们哪里有这般能耐，个个目瞪口呆、自叹弗如，自此之后再也不敢生"艳遇"的花心了。看来罗什当年在疏勒国学的那些乱七八糟的杂学知识、瑜伽功夫之类的真是有用啊，要没有这一手，这十一个老婆的事情可怎么向这些克制欲望的僧人解释啊？

我们应该注意的是，《高僧传》中姚兴说的是"何可使法种无嗣"。"无嗣"那就是说当时鸠摩罗什没有后代，所以姚兴担心的是鸠摩罗什去世后不能留下后代太可惜了；可是《晋书》记载说鸠摩罗什同宫女生了两个孩子，所以姚兴给鸠摩罗什十个美女的时候说"何可使法种少嗣"，"少嗣"就是后代少，那姚兴担心的就是鸠摩罗什去世后，后代太少了实在可惜。按姚兴的想法，像鸠摩罗什这么聪明无双的人，即使做和尚，也应该留下成群聪明的后代才是个正道理。

那么鸠摩罗什到底有没有后代呢？这个问题谁也无法回答。不过到北魏时期，皇帝还曾关心过这件事情。

据《魏书》卷一百一十四《释老志》记载，公元497年，北魏孝文帝不知道怎么记起了鸠摩罗什大师，他下了一道诏书，全文如下：

> 罗什法师可谓神出五才，志入四行者也。今常住寺，犹有遗地，钦悦修踪，情深遐远，可于旧堂所，为建三级浮图。又见逼昏虐，为道殄躯，既暂同俗

礼，应有子胤，可推访以闻，当加叙接。

这道诏书的意思是说，罗什法师是才华横溢、志向高尚的人，他过去常住的寺庙都有他的遗迹，应该在他住过的地方，修造三层高的佛塔。既然罗什法师在逼迫之下娶了夫人，那就应该有子孙，相关部门要调查一下，如果找到了罗什法师的后代，应该给他们好的待遇。

诏书是下了，至于北魏的那些僧官是否找到了鸠摩罗什的后代，文献没有记载，我们也就不知道了。

无论有无后代，鸠摩罗什这种接二连三地破戒的举动，显然是对佛教寺院宗教生活权威的破坏。我们奇怪的是，在当时的长安僧团中，这种举动居然没有引起崩溃性的效果。也许鸠摩罗什的个人才华与魅力，已经远远压倒了他所犯的错误，此外，作为一个外来的"胡人"，他的"异族"身份可能使之取得了宗教界和世俗的最大限度的谅解。

可能其中最关键的原因是，由于当时律部经典翻译传播的不充分，所以在中原僧俗两界对于戒律重要性的认识还是比较松弛的。

二、臭泥生莲，"青眼律师" 来到长安

不容置疑的是，在长安的鸠摩罗什也一定生活在一种尴尬的境地里，一边坐在讲坛上给三千多清心寡欲、坚守戒律的高僧们讲说"毕竟空"的法门，一边同十一个女人过世俗生活，毕竟心中不太踏实，所以每当在讲经论道之前，他总是对学生僧众们先自我解嘲说："我的讲道，譬如臭泥中生莲花，你们但采莲花，勿取臭泥也。"

罗什深藏在心中的这种惴惴不安，随着他的律学老师卑摩罗叉的来到长安，达到了一个尴尬的顶点。

卑摩罗叉大师是罽宾人，他的名字翻译成汉语就是"无垢眼"，从这个名字的含义就可以看出他澄明清净的修道追求。据说他是一个非常有毅力的人，坚守佛家的一切戒律，在修炼方面吃了不少苦。

早在鸠摩罗什从罽宾学道返回龟兹之前，卑摩罗叉大师就开始在龟兹国宣扬佛教的律部经典，是名扬中亚地区的佛教律学大师。

不知道是因为胎记还是其他原因，卑摩罗叉的眼部有青色印记，所以他又被僧众们亲切地称为"青眼律师"。当时西域诸国的佛教学者和僧人们都到龟兹去，跟"青眼律师"卑摩罗叉学习戒律。

363年，鸠摩罗什回到龟兹后领受了"具足戒"，并且跟卑摩罗叉大师学习了《十诵律》。到了384年龟兹国被前秦吕光攻破，罗什被俘虏，卑摩罗叉就离开了龟兹国的王城，至于他到哪里去了，文献没有记载。401年之后，远在西域的卑摩罗叉辗转听到了自己的学生鸠摩罗什在东土长安译经传道的确切消息，就冒着危险，不远万里地穿过流沙、戈壁，于406年到达长安。

作为佛教的律学大师，"青眼律师"东行长安自然一方面是因为有学生鸠摩罗什在这里，他来之后有个照应，更主要的是，他来长安就是要把佛教律部典籍传扬到东土来，完成自己护持佛教僧团和佛法庄严的使命。对于罗什来讲，老师的到来肯定让他感到既兴奋又尴尬，如果是传授别的学问的老师，罗什可能还稍微安心一点，恰恰"青眼律师"是护持佛法的戒律法师，是佛门的执法者、立法者和戒律解说者，屡屡破"四重性戒"中淫戒的鸠摩罗什，面临着怎样向老师解释的尴尬局面。

据说卑摩罗叉到达长安后，罗什很恭敬地以弟子礼节接待自己当年的老师。相隔四十多年的这次师生见面，其场景自然是非常令人唏嘘的，当年二十岁的青年僧人罗什，已经变成了六十多岁的老头子。卑摩罗叉比鸠摩罗什大不了几岁，按他们的去世年龄来推断，413年鸠摩罗什去世时七十一岁，卑摩罗叉去世时七十七岁，可能鸠摩罗什比他的老师小五六岁而已。

刚见面的时候，卑摩罗叉自然不知道鸠摩罗什破戒娶夫人的事情，就问自己的学生："汝后汉地大有重缘，受法弟子可有几人?"这真是哪壶不开提哪壶，卑摩罗叉认为鸠摩罗什跟中原政权非常有缘分，地位如此显赫，声名如此远扬，一定传授了不少弟子。这正好捅到了罗什心中最为隐痛的地方，所以他的回答也十分有趣，简直可以用支支吾吾来形容了，他说："汉境经律未备，新经及诸论等，多是什所传出。三千徒众皆从什受法，但什累业障深，故不受师教耳。"这个回答很巧妙，罗什先说中原地区的佛教经书包括律部典籍都很不完善，言下之意是既然律部典籍都不完善，所以破戒也就是可以原谅的事情了；随后又说现在在中原尤其在长安僧界研习的佛经和大乘的诸种经论都是自己翻译出来的，这就把自己这些年来在长安所作的具体工作给老师作了一个交代；最后才含含糊糊地说，三千多僧人都跟着自己学习佛教典籍，但是由于自己是个造孽太多的人，所以不敢以老师的身份而自居。

我们不知道卑摩罗叉听完罗什的这番话后是个什么反应，

但是在 406 年至 413 年的整整八年中，身在长安的卑摩罗叉没有翻译任何典籍，也许这段时间他是在学习汉语，也许因为罗什的原因，他继续让这种"经律未备"的状态维持了下来。总之，到了 413 年罗什去世后，卑摩罗叉才离开长安，先到了寿春的石涧寺，在这里开始了他传授律部典籍的讲坛生涯。

其实早在 404 年，罗什就在西域僧人弗若多罗的协助下，翻译《十诵律》，将近译成三分之二的时候，因为弗若多罗的去世而停止了。到了 405 年秋天，罗什同来到长安的西域僧人昙摩流支共同续译《十诵律》，成五十八卷。也可能是晚年的罗什在精力等方面顾不过来，卑摩罗叉来到后，他们师生没有合作完成这项工作。因而，等罗什去世后，卑摩罗叉把这个罗什等人未完成的《十诵律》五十八卷带到了寿春石涧寺。

在石涧寺，卑摩罗叉续译《十诵律》，在罗什译本的基础上续成六十一卷，他的这个译本同罗什译本比较而言，除了卷数增加、内容完善外，还将罗什译本的最后一诵由"善诵"改为"毗尼诵"。

卑摩罗叉可能是在 413 年秋冬时节在石涧寺完成《十诵律》的翻译工作的，414 年夏天他又来到了江陵的辛寺，在这里"夏坐开讲《十诵律》"。卑摩罗叉的这次讲《十诵律》，是中国佛教史上律部典籍宣扬的一个关键性讲座。当时的僧人慧观将卑摩罗叉所讲的内容要旨记录整理了出来，分作两卷行世。当把这两卷讲稿送到京师长安后，据说长安的高僧大德、尼姑居士等佛教信徒竞相传写。从这种近乎洛阳纸贵的轰动效应，可以看出来在卑摩罗叉之前，中原地区律部经典的翻译与研习确实是非常薄弱的，那么鸠摩罗什所说的"汉境经律未备"也确实不是为自己找借口的托词，而是实际情况。

对卑摩罗叉讲说《十诵律》与慧观和尚记录讲稿这件事情，当时的僧界流传着一个很有趣的歌谣："卑罗鄙语，慧观才录，都人缮写，纸贵如玉。"这个歌谣中的"鄙语"是说卑摩罗叉的讲经通俗易懂，而慧观的记录也很有才气和匠心，这样一个人人都能读懂的文本是很受欢迎的，所以传到都城长安去，自然抄录研习者纷纭而至了。

据僧传记载，卑摩罗叉是个非常喜欢清静的人，可是当时的江陵辛寺也是一个大寺，来来往往的四方僧众很多，并且江陵达官贵人云集，所以他在414年夏秋讲完《十诵律》后，就返回到了寿春石涧寺，这一年的冬天，卑摩罗叉在石涧寺去世，终年七十七岁。

三、智慧唯美的佛陀耶舍

在卑摩罗叉到达长安之前，鸠摩罗什的另一个老师佛陀耶舍也追寻自己的学生而来。按《高僧传》中佛陀耶舍本传中的事件发生顺序来推断，在402年左右佛陀耶舍先到了凉州的姑臧，在那里待了一阵子。至于佛陀耶舍到达长安的时间，按本传记载是在鸠摩罗什准备翻译《十住经》之前，也就是410年之前，竺佛念所作的《四分律序》说佛陀耶舍"岁在戊申，始达秦国"，那就是说在408年才由姚兴遣人把他请到了长安，协助鸠摩罗什翻译佛经。

佛陀耶舍也是罽宾人，婆罗门种姓，所以他家世代都信仰外道而不信仰佛教。

印度的种姓制度将人分为四个不同等级：婆罗门、刹帝利、吠舍和首陀罗。婆罗门即僧侣，为第一种姓，地位最高，从事文化教育和祭祀；刹帝利即武士、王公、贵族等，为第二种姓，从事行政管理和打仗；吠舍即商人，为第三种姓，从事商业贸易；首陀罗即农民，为第四种姓，地位最低，从事农业和各种体力及手工业劳动等。后来随着生产的发展，各种姓又派生出许多等级。

一次偶然的机会，使得婆罗门种姓出身的佛陀耶舍放弃了家族世代信奉的外道，而改信佛教。

有一天，他家来了一个化缘的佛教僧人，佛陀耶舍的父亲大怒，不但没有给这个化缘的僧人任何食物，还指使家里的下人们把这个僧人暴打了一顿。结果报应很快来了，佛陀耶舍的父亲手脚痉挛，失去了行动能力。无奈之下就去向巫师求救，巫师看到这种情况后说："你一定是冒犯了贤人，才遭到神明对你的诅咒。"全家人闻言大惊，赶紧派人找到了那个化缘的僧人，请到家里来很诚恳地向他道歉，并向佛忏悔。这样过了几日，佛陀耶舍父亲的痉挛果然好了。

经过这次事件，佛陀耶舍的家人对于佛教才有了敬畏之心，于是让刚刚十三岁的佛陀耶舍皈依了佛教。

皈依后的佛陀耶舍，小小年纪就很有见地。作为僧人，当然免不了四处传道、化缘，东奔西走，所以他经常同自己的老师经过无人的旷野。有一次，在旷野上碰到了老虎，老师惊慌失措地就想避开，佛陀耶舍不慌不忙地说："这个虎看起来是刚吃过东西的样子，已经吃饱了，不会随便伤害我们的。"果然，老虎瞅了他们一眼，懒洋洋地走开了。佛陀耶舍同老师向前又走了一段路，就发现了那头老虎刚刚吃剩下的动物残尸。通过这件事情，使得佛陀耶舍的老师对自己这个学生刮目相看，心中暗暗认定佛陀耶舍是个出类拔萃的非凡之人。

学习佛经的时候，佛陀耶舍非凡的记忆力和理解能力，使得同修的僧众们非常敬佩，其中的一个大罗汉特别敬重这个聪明机警的少年，对他照顾有加，经常自己去化缘来供养佛陀耶舍。等到佛陀耶舍十九岁的时候，据说他已经记诵了大小乘经典数百万言。

在聪慧颖悟和精神气质方面，佛陀耶舍同鸠摩罗什有非常相像的一面，他们都是那种聪明好学而性情洒脱的人，他们都不是知识的奴隶，而是智慧的哲人。各类曾经在羊皮纸、布帛、草纸、泥板、木板上沉睡的那些扁平的知识和符号，一旦移到他们的头脑中，就犹如那中亚葡萄园中成熟的葡萄落进了发酵池，会生产出芬芳馥郁如美酒一样的崭新智慧，让理性与感悟的醇香滋润人类文明的花朵。

无数先哲们在漫长的历史长河中留下来的知识，犹如那寒冬中的烈火，熊熊燃烧着人类知性的力量；而智慧就是在这些知识与人生历程的体悟中慢慢升华着。对年轻的躯体和头脑，智慧的光芒总是会穿透他们热血流动的肌肤，发出熠熠光彩。佛陀耶舍已经在周边再也找不到可以给他崭新知识、澄明光辉的人了，心中蔓生着新的见解和独立而非凡的思想，闪现在他深邃的目光中。自然，周边那些仅仅以记诵为能事的僧人，对佛陀耶舍过于独立的见解和智慧是敬而远之，甚至是相当轻慢的。

饱满的知识和馥郁芬芳的智慧就像那醉人的美酒，并不是任何人都能品鉴、欣赏的，佛陀耶舍也是一样，所以他很多年都是小沙弥，而不是可以讲经说法的大比丘。直到二十七岁的时候，他才受了具足戒，成为一名正式的僧人。跟鸠摩罗什不同的是，佛陀耶舍不但是一个外表举止都很唯美的人，还是一个非常善于谈笑的人，有他的地方就总会有欢喜无比的场景。正是因为这一点随喜因缘，他在僧团中虽然不受重视，但也不招人忌恨。

佛陀耶舍是个嗜书之人，在读书的过程中常常陷入沉思。慧皎在《高僧传》中描写他"恒以读诵为务，手不释牒。每端坐思义，尚云不觉虚过于时，其专精如此"。就是说，他在读书思考问题的过程中才觉得时光没有虚度。

大概是在355年之前，佛陀耶舍离开罽宾来到了疏勒国。当时正值疏勒国王大兴佛法，供养着三千僧人。疏勒国的太子达摩弗多在众多僧人中看到佛陀耶舍容服端雅，就问他从哪里来，佛陀耶舍把自己的经历一一告诉了这位王子。他清雅的谈吐和渊博的知识，立刻就博得了达摩弗多太子的赏识，于是达摩弗多太子就把佛陀耶舍留在了王宫中，给他极丰厚的待遇。

356年，十三岁的鸠摩罗什也随母亲来到了疏勒王宫，见到了佛陀耶舍，并且拜佛陀耶舍为师学习佛法，对他极为恭敬。357年鸠摩罗什告别佛陀耶舍返回了龟兹，罗什在短短的两年时间里，同老师佛陀耶舍结下了深厚的友谊，他们不仅仅是师生关系，更重要的是有英雄相惜的亲近感。

据说当龟兹王城在384年遭到吕光攻打的时候，龟兹国王帛纯派使者向疏勒国求救，疏勒王接报后即安排佛陀耶舍在国内辅助太子处理政事，自己亲自带兵前往救援。可是刚刚走到半途，就听到了龟兹王城已经被攻破的消息，只好无功而返。

当然，鸠摩罗什被吕光俘虏的消息也很快传到了疏勒国，当佛陀耶舍听到这个消息，不禁仰天叹息说："我与罗什相遇虽久，未尽怀抱。其忽羁虏，相见何期！"可见，在佛陀耶舍的心中，罗什是他真正的知音。罗什十三岁的时候，佛陀耶舍已经是受了具足戒的高僧大德，而记载说他是二十七岁受戒的，就是说佛陀耶舍至少要比罗什大十四岁以上。

四、赤髭毗婆沙东寻罗什

罽宾佛学大师佛陀耶舍是个仪表风姿俱美的男人，红色的短髭更是引人注目。在僧众弟子的眼里，他是个喜笑颜开的红胡子老头。由于他善于解说《毗婆沙》，僧众们就送给他一个很形象的绰号——"赤髭毗婆沙"，这是他后来到长安后，那些听他讲经和译经的中原僧人对他的亲切称呼。

在鸠摩罗什被吕光带到凉州姑臧的这十多年里，佛陀耶舍一直在疏勒国讲经传道。后来，他又到了龟兹，据说这时候远在姑臧的罗什托人捎信要佛陀耶舍到凉州去，当时的罗什处在一种几乎是被软禁的情况下，也无法宣扬佛法，不知道因何要邀请佛陀耶舍到凉州去。

由于龟兹国王的挽留，佛陀耶舍没有成行。又在龟兹国待了一年多后，佛陀耶舍决心要出发东行去寻找罗什。怕龟兹国王和僧徒们再次挽留他，他准备不辞而别。

佛陀耶舍私下对自己的弟子悄悄说："我要去东土中原寻找鸠摩罗什，但是不能张扬，赶快秘密准备好东西，在今夜就出发，可千万不能让别人知道。"弟子担心地说："今天夜里出发当然没问题，就怕明天国王、僧众们知道后，还是要远追，一旦追上了，还不得回来吗？"这个难题没有难倒佛陀耶舍，据说他是这样解决这个问题的：让弟子取来一钵清水，在里面放上了特制的药，念念有词地念了十来句咒语，然后让弟子用这钵加了药的清水洗脚，此后就带弟子悄悄出发。

从僧传中那神奇的描写来看，佛陀耶舍的这一钵洗脚药水，简直就是给脚丫子加了喷气式动力装置。从半夜走到第二天天亮，已经走了好几百里路。停下来歇息的时候，佛陀耶舍问弟子："说说你的感觉如何啊？"弟子迷迷瞪瞪地说："只听到耳边风声呼呼作响，眼睛中有眼泪被风吹出来啊。"看来这种法术不能经常使用，所以佛陀耶舍又用这种水给弟子再次洗洗脚，就结束了这种风声呼呼的飞天游戏，开始正常走路了。这样一来，他们一下子走出好几百里，龟兹国王就是发现后追赶，也来不及赶上他们了。

佛教僧人传记中大量的这种神乎其神的各类技艺，很有想象力，但愿这些风尘仆仆地在中西交流方面作出杰出贡献的先哲真的有这些本事。事实上，即使他们没有这些超人的特异能力，仅他们坚强的毅力、通透的智慧，也完全让我们在内心给他们神的礼遇。

罗什捎信邀请佛陀耶舍的时候，他还在姑臧，一年以后，佛陀耶舍才得以从龟兹国东行，可是他到达姑臧后，才知道罗什已经于401年十二月去了长安。从这个时间顺序来判断，罗什是在400年前后给佛陀耶舍捎信的，而佛陀耶舍可能就是在402年到姑臧的。

这样来推算，佛陀耶舍到中原的时间要比卑摩罗叉早几年。

佛陀耶舍到姑臧后，为什么没有立刻继续西行到长安去？这可能有两方面的原因：

一是当时的姑臧是西域、印度商人密集的地方，佛陀耶舍这个善于谈笑、人气极旺的大师，同那些在姑臧的西域商人和僧人一定有极为密切的联系，所以既然已经到达这里，就不会再匆忙离开。我之所以这么说，是有些文献记载方面的蛛丝马迹的。据《高僧传》之《佛陀耶舍传》中记载，到弘始十二年以后，佛陀耶舍最终返回罽宾，在罽宾找到了一卷《虚空藏经》，他就是通过罽宾商人把这卷经传给了在凉州的僧人们。这个事实说明，佛陀耶舍同凉州僧团和商人们的关系远较长安僧团密切。

二是佛陀耶舍作为鸠摩罗什的老师，其之所以不远万里来到中原，那是因为收到了罗什邀请他的信，现在罗什去了长安，他当然不可能再赶到长安去。俗话说"一山不容二虎"，如果佛陀耶舍冒冒失失地去了长安，在后秦政权支持的译经僧团里，也很难把他跟鸠摩罗什的地位摆平衡——这个推断虽然有些恶俗，但事实证明，僧团与僧人之间的竞争在很多情况下，确实没有超凡脱俗。

在姑臧的时候，佛陀耶舍听到了后秦国王姚兴为鸠摩罗什张罗找妻妾的事情。这样的消息对受戒僧人来说肯定是个坏消息。从听到这个消息的惊讶程度和反应来看，应该是卑摩罗叉更为激烈些，因为他本人就是律学大师，对于犯戒的事情当然不会视而不见。

有意思的是，僧传的撰写者——无论是写《出三藏记集》的僧佑，还是写《高僧传》的慧皎，在罗什破戒这件事情上，都没有让卑摩罗叉说话。事实上，这个话卑摩罗叉也不好说。表示理解吧，那就是公然挑战戒律，那还怎么再宣讲律部经典呢？表示坚决反对吧，那不就是完全否定罗什了吗？而佛陀耶舍听到这个消息后，则叹了一声说："罗什如好绵，何可使入棘林中。"佛陀耶舍的这句叹息很有意思，整个表达的就是无尽的惋惜。是啊，如果把细腻洁白、绒丝柔长的绵放进荆棘丛中，除了破碎与纠缠其中之外，还会有什么好的结果呢？

罗什的这两位老师，可以说代表了两种不同性格类型的人，卑摩罗叉是"无垢眼"，是澄明清净的高僧，也就是眼睛里揉不得沙子的人。可以推断，到长安的卑摩罗叉一定同罗什不是非常融洽，所以僧人传记家才没有让他作评价。而佛陀耶舍呢，则"颇以知见自处……美仪止，善谈笑"，就是说他是一个善于谈笑、讲求思想独立的高僧，他的通达、宽容与博学，正是身在异乡的罗什迫切渴望的。

佛陀耶舍的到来，无论在心理安慰还是学理探讨方面，都给了鸠摩罗什一份温暖。鸠摩罗什听到老师来到姑臧的消息后，就建议姚兴派人邀请佛陀耶舍来长安，可是姚兴对此毫无兴趣，没有接受罗什的建议。

后来，当姚兴一再敦请鸠摩罗什继续翻译佛经时，罗什说："夫弘宣法教，宜令文义圆通。贫道虽诵其文，未善其理。唯佛陀耶舍深达幽致。今在姑臧，愿下诏征之。"罗什的这番话确实道出了当时的实际情况，鸠摩罗什虽然背诵了很多佛经，但是在佛理探讨方面可能需要博学的佛陀耶舍来帮帮他。不过，罗什的这番话有更多托词的成分，并不是佛陀耶舍不来他就译不好佛经，罗什这么说，就是想以译经需要为借口，要挟姚兴出面邀请自己的老师来到身边。屡次破戒的他，也许真的需要老师佛陀耶舍带给他心理上的安慰。

姚兴无奈答应了罗什的要求，马上派使者带了丰厚的礼物，去姑臧邀请佛陀耶舍。有意思的是，佛陀耶舍很委婉地拒绝了邀请，也坚决不接受礼物，他乐呵呵地对使者说："国王降下了尊贵的旨意邀请，按理说，我应该立马就随您东赴长安。可是既然有聪明博学的鸠摩罗什在长安讲经说法，我就不敢再去献丑了。"

使者回去后，把佛陀耶舍的话原原本本地报告给了姚兴，姚兴闻言，非常敬佩佛陀耶舍处理事情的这种谨慎态度。终于，在姚兴的多次邀请敦促下，佛陀耶舍于后秦弘始十年（408）前后来到了长安。按这个时间来推算，佛陀耶舍在凉州姑臧停留了将近六年。

佛陀耶舍到达后，姚兴亲自出来迎接他，并为他在逍遥园中单独安置了讲经说法、生活起居的院落。佛陀耶舍对于姚兴给他的丰厚完备的供养一概不受，每天只是吃一顿饭。

这时候鸠摩罗什正在酝酿翻译《十住经》，因为很多义理他也没完全搞清楚，虽然已经研读斟酌了一个多月，但觉得无从下笔翻译。佛陀耶舍的到来正好解决了这个难题，鸠摩罗什同他的老师合作，一起研读讨论、疏通文义，一鼓作气将《十住经》翻译了出来。那些过去觉得费解的概念和经文，经过佛陀耶舍的阐发，顿时变得文气流畅、字义通达。佛陀耶舍初来乍到就为罗什解决了疑难问题，使得当时共同参加佛经翻译的那三千多僧人都对他佩服有加。

佛陀耶舍既然是罗什的老师，又在翻译《十住经》时表现出了他渊博的知识和对佛理的精通，所以无论是后秦国王、大臣还是信徒们，都对他尊重有加，所奉献的供养物品、衣服器具都放满了三间屋子。这么多东西，对于粗衣麻服、一天只吃一顿饭的佛陀耶舍是太奢侈了，他哪里用得了。于是，姚兴就命人把佛陀耶舍得到的这些供养物品都拿出去卖了，然后在长安城南为佛陀耶舍造了一座寺院。

姚兴虽然对佛陀耶舍非常照顾，但是他心底里对佛陀耶舍的佛学修养还是不信任的。当时后秦司隶校尉姚爽想请佛陀耶舍翻译《昙无德律》（就是《四分律》），姚兴怀疑佛陀耶舍记诵的这个《昙无德律》不是真经，于是就想考考佛陀耶舍的背诵记忆能力。他拿了五万多字的西羌药方，要佛陀耶舍背诵，两日后，再要求他把这个五万多字的药方默写出来，结果佛陀耶舍默写出的药方同原本一字不差，姚兴这才相信《昙无德律》是佛陀耶舍背诵下的真经。

弘始十二年（410），佛陀耶舍在姚兴的支持下，在长安译出了《四分律》《长阿含》等经典。佛陀耶舍的译经借助的并不是鸠摩罗什僧团的力量，而是在凉州僧人的支持与合作下完成的。

在鸠摩罗什到达长安之前，长安就有以竺佛念为首的译经僧团，竺佛念是凉州人，《高僧传》说他"在苻姚二代为译人之宗"，就是说在苻氏前秦和姚氏的后秦时代，竺佛念都是中原译经僧人中的一代宗师。这样，鸠摩罗什到长安后，竺佛念的译经就告一段落了，虽然他也参加了鸠摩罗什的译经工作，但所起的作用显然就没有像鸠摩罗什的弟子僧肇、僧睿等人重要了，譬如在鸠摩罗什翻译《摩诃般若波罗蜜经》三十卷时，竺佛念只是传语人。

从竺佛念的知识结构来看，他虽然诵读了不少佛经，但是他的儒学修养却很一般，僧传说他"讽习众经，粗涉外典……华戎音义莫不兼解。故义学之誉虽阙，洽闻之声甚著"。这几句话依次解释，就是说他读了很多佛经，但文化水平不高；虽然学了很多少数民族语言，但是没有探讨高深义理的学术能力，只不过非常博闻广识而已。

显然，不能探讨佛学义理的能力缺陷，再加上鸠摩罗什英气逼人的光辉，曾经是长安翻译佛经的核心人物的竺佛念就开始变得暗淡无光，心中的那份失落感是肯定存在的。

在佛陀耶舍翻译《四分律》和《长阿含》的译场中，竺佛念又发挥了重要作用。佛陀耶舍一句一颂地将牢记在大脑中的经文背诵出来，竺佛念将它口译成汉语，然后由僧人道含再一句一句记录下来。在这个译场中，有五百僧人协助完成这项工作，花了整整三年时间，直到后秦弘始十五年（413）才翻译完成。

佛陀耶舍完成译事的 413 年，也是鸠摩罗什生命走到尽头的那年。可能就是在鸠摩罗什谢世后，佛陀耶舍又长途跋涉返回了罽宾国，凉州僧团的僧人们曾收到了他从罽宾捎来的一卷《虚空藏经》，此后，就再也不知道他的消息了。

第 5 章

鸠摩罗什与中亚高僧的复杂情结

长安，即今天的西安，又曾称西都、西京、大兴城、京兆城、奉元城等。它位于八百里秦川中部，除泾、渭、产、沣等八河绕经长安外，北有黄河壶口瀑布，南有秦岭终南山，东有西岳华山，西有太白原始森林，古称为绝美风水宝地。是中国历史上建都朝代最多、历时最久，影响力最大的城市。先后有西周、秦、西汉、西晋、前赵、前秦、后秦、西魏、北周、隋、唐等众多王朝在这里建都达一千一百余年之久。

远在汉代，作为丝绸之路起点的长安城，平面呈方形，面积约达三十六平方千米，三分之二是宫殿建筑，是当时世界上最宏大、繁华的国际性大都市。

当鸠摩罗什到达长安的时候，长安已经从一个皇城古都发展成了中国佛教传播的中心，也是西域商队和中亚僧侣汇聚的国际大都市，从丝绸之路远道而来的各个教派和学派的修道者都想在这里找到自己发展和传道的机会。毫无疑问，鸠摩罗什是这些传道者中的卓尔不群者。

但是，对鸠摩罗什而言，长安毕竟是异乡，虽然在后秦姚兴的支持下，围绕译经工作建立了自己的僧团势力，但是他同中亚僧团的联系仍然是非常密切的，其中既有相互合作，也有或明或暗的排挤与斗争。

一、罗什之前的长安僧团

后秦时期长安僧团的情况其实是比较复杂的，可以说犹如水流星散一样具有很大的流动性。我们可以分三个阶段来了解当时长安僧团的整体状况。

在鸠摩罗什到达长安之前，那种由国家规范管理的僧团制度还没有完全形成，但是以寺院讲经和译经为中心，已经形成了核心僧团。譬如以竺佛念为首的译经僧人团体和以道安为首的讲经僧人团体，就是当时长安的核心僧团，已经很有规模。

鸠摩罗什到达长安后，在姚兴的支持下，有三千僧人跟随他学习佛经，开场翻译佛经，这样就以逍遥园、草堂大寺为中心，形成了以鸠摩罗什为首的长安僧团，并且借助后秦国家的力量，由鸠摩罗什的弟子僧䂮正式组成了僧官组织，借世俗政治权威来维护僧团的纪律。

佛驮跋陀罗来到长安后，以他为中心集聚了一批僧人，这批僧人因为不在鸠摩罗什僧团的三千之列，所以又被称为"新僧"，是相对于鸠摩罗什的弟子僧肇、僧睿、僧䂮等三千僧人而言的。

当时的长安僧团势力出现了三重叠加的格局。即竺佛念僧团与道安僧团的成员部分参与了鸠摩罗什的译经工作，相对于鸠摩罗什僧团，竺佛念、道安僧团是长安的"旧僧"，鸠摩罗什僧团是"新僧"。等佛驮跋陀罗来到长安后，鸠摩罗什僧团就变成了"旧僧",而佛驮跋陀罗僧团又变成了"新僧"。

这种不同阶段组成的僧团势力,肯定免不了会产生一些冲突。

先说说竺佛念、道安僧团。

竺佛念是凉州僧人,在少年时代就出家为僧,对于西域语言比较精通,在苻氏前秦和姚氏的后秦时代,他是中原译经僧人中的一代宗师。

至于他是什么时间到长安的,文献记载中不太一致。《出三藏记集》说他是前秦建元中开始译经的,但什么时候到长安,没有明确记载。《古今译经图记》卷三却认为竺佛念是在建元元年(365)同西域僧人僧伽跋澄一起来到了长安,开始了合作翻译佛经的工作,这显然是错误的。按《高僧传》和《出三藏记集》的记载,西域僧人僧伽跋澄是建元十七年才到达长安的。他参与佛经的翻译工作,也就是从此年开始的。

即使从建元十七年(381)算起,就译经的时间而言,从建元十七年到弘始十五年(413),竺佛念在长安译经三十二年,同他合作的僧人有明确记载的就有十八人,其中域外僧人七位:昙摩持、昙摩卑、僧伽跋澄、毗婆沙佛图罗刹、鸠摩罗佛提、昙摩难提、僧伽提婆;中原僧人十一位:僧纯、慧常、僧导、僧睿、道安、慧详、昙究、慧嵩、法和、慧力、僧茂。

在三十二年的译经生涯中,竺佛念主持翻译或参与翻译的佛经共有以下这些:

《耀论》二十卷,《菩萨璎珞经》十二卷,《十住断结经》十一卷,《鼻奈耶经》十卷,《十地断结经》十卷,《菩萨处胎经》五卷,《大方等无相经》五卷,《持人菩萨经》三卷,《菩萨普处经》三卷,《菩萨璎珞本业经》二卷,《王子法益坏目因缘经》一卷，《中阴经》二卷，《十诵比丘尼戒所出本末》一卷，《四分律》六十卷，《增一阿含经》五十卷，《阿毗昙八犍度》三十卷，《长阿含经》二十二卷，《摩诃般若波罗蜜钞经》五卷，《中阿含经》五十九卷。

无论是从在长安的译经时间，还是其僧团成员来看，竺佛念在长安僧界的势力可以说是盘根错节。道安到长安的时间虽然比竺佛念晚，但是由于他在僧俗两界的声誉如日中天，所以他在长安僧团中的影响力也是非常巨大的。377 年，前秦苻坚的大军攻破了襄阳，俘虏了当时在襄阳讲经传法的一代名僧道安，苻坚大喜过望，立刻命人将道安送到了长安，安置在长安的五重寺，奉他为国师，有上千的高僧大德跟随他学习。道安的到来，使得原来的长安僧团又加强了力量。道安到长安后，同竺佛念多次合作，翻译佛经。

可以想见，来到长安的道安既然被苻坚称之为"圣人"、奉为国师，他又是佛图澄的受业弟子，早在邺（今河南临漳）的时候，就有数百僧人追随道安，其在僧界的地位远在竺佛念之上，所以他对长安僧团的号召力自然非竺佛念可匹敌。如僧䂮、僧睿、僧导等人此时就是道安僧团的得力助手，他们也构成了后来鸠摩罗什僧团的主体。

鸠摩罗什从姑臧到长安的时候，应该也带来了一些凉州僧人。因为据记载，僧肇是鸠摩罗什还在姑臧的时候，就不远万里去投奔他，向他学习的。由此可以推测，鸠摩罗什在姑臧的时候也有部分僧人追随他。

鸠摩罗什到长安后，面对的是一个无论在佛学理论，还是组织结构上都已经非常成熟的长安僧团，原道安僧团中的主干成员迅速集结到了鸠摩罗什的门下。道安、竺佛念为他们培植的佛学修养，再加上鸠摩罗什对于佛经翻译的权威性，使长安僧团在知识的自信方面日见增长，而像僧䂮这样的长安旧僧得到姚秦政权的支持，成为国家官僚势力之中的僧官，就更加重了长安僧团的凝聚力，此时，以鸠摩罗什为中心，长安僧团强烈的排他倾向蓬勃地生长了起来。

二、泛海东来的天竺禅僧佛驮跋陀罗

以鸠摩罗什为中心的长安僧团对于佛驮跋陀罗僧团的排挤，是中原佛教史上一个重要的事件。这次事件，不仅仅是长安"旧僧"对"新僧"的排挤，更主要的是"秦僧"——已经形成很大势力的本土僧人集团对那些以"神异"为手段的西域僧团的排挤。这可能一方面标志着中原本土佛教僧团在佛理与佛经理解、学习方面的日渐成熟，对于神异有了足够的认识和排斥，佛教理性主义在当时的鸠摩罗什僧团中占据了主流地位；另一方面也反映了鸠摩罗什本人同佛驮跋陀罗在世俗地位上的激烈冲突。

佛驮跋陀罗，汉语的法号叫作"觉贤"，他是天竺迦维罗卫人，据说是甘露饭王的后代。他的祖父达摩提婆经常往返于北天竺经商，所以就定居了下来。佛驮跋陀罗三岁的时候，父亲摩修耶利就去世了，五岁的时候，母亲也弃世而去，别人收养了他。他本家族的一位近亲爷爷鸠婆利听说佛驮跋陀罗很聪明，又顾念他的孤苦伶仃，就来到北天竺接他回到了迦维罗卫，进入佛教寺庙做了小沙弥。

在清心寡欲的寺庙生活中，佛驮跋陀罗渐渐长大了。据说他十七岁的时候，有一次同很多一同修道学习的僧人诵经，同学们一个月才记诵下来的经文，佛驮跋陀罗一天就记诵下来了，他的老师感叹地说："佛驮跋陀罗一天的功课，可以顶上三十个僧人记诵的经文，真是非凡啊！"等他受了具足戒之后，学习更加勤奋了，精通各类佛教经典，尤其以禅律而闻名于天竺僧界。

佛驮跋陀罗是个深不可测的人，这不仅仅是说他的佛学学问，也指他在神异与法术方面有一些匪夷所思的手段。据说佛驮跋陀罗与他的同学僧伽达多游学到了罽宾国，很多年都在一起修炼，僧伽达多虽然很佩服佛驮跋陀罗的才华与思想、见识，但是对于他这个人本身却有些摸不着头脑。僧传记载说，有一次僧伽达多正在封闭的密室中潜心修禅，佛驮跋陀罗却突然显身在他的面前，僧伽达多大吃一惊，问他是从哪里进来的，佛驮跋陀罗答非所问地说："我刚从兜率天宫拜见过弥勒佛回来。"说完就隐身不见了。从此之后，僧伽达多就把佛驮跋陀罗当作圣人一般敬仰，后来佛驮跋陀罗表现的诸如此类的神异变化多了，僧伽达多就忍不住问他为什么会有如此神通，佛驮跋陀罗就告诉他，自己已经修炼成了"不还果"。

"不还果"是小乘佛教的四种果位中的第三级果位，仅仅次于阿罗汉果，修成此果位的僧人将不再生还欲界。佛驮跋陀罗声称自己修成了"不还果"，在僧传中还没有找到像他这样自诩的，也许这一点正是他以后遭到排挤的原因之一。

当然，佛驮跋陀罗在罽宾的声望也是很高的，他的志向不仅仅是在罽宾本地传道，而是期望寻找机会到更远的地方宣扬佛教、传经说法。

佛驮跋陀罗之所以来到长安，是因为接受了中原僧人智严的邀请。

东晋隆安五年（401），西凉州僧人智严长途跋涉来到了罽宾国，跟随高僧大德学习佛法。智严希望能为在中原地区的佛教信徒请到一位高明的佛学大师，他曾感叹说："我诸同辈斯有道志，而不遇真匠发悟。"他在罽宾到处打听哪位高僧能到中原去传经讲道。当时很多罽宾高僧就推荐佛驮跋陀罗，说他是个聪慧的僧人，少年时期曾受业于大禅师佛大先。他们对智严说："只有佛驮跋陀罗是个能真正宣讲禅法的大师。"于是，智严就苦求佛驮跋陀罗到中原地区宣讲禅法。

正想外出游历的佛陀跋陀罗接受了智严的邀请，越过葱岭，取道印度洋，从交趾坐船来到了山东的青州地界。到达山东地区的佛陀跋陀罗听说鸠摩罗什在长安开场译经、讲道说法，于是就欣欣然率领一干僧众来到了长安。

对于佛陀跋陀罗的到来，鸠摩罗什可能刚开始的时候自然是十分欣喜的，僧传说鸠摩罗什"大欣悦，共论法相，振发玄微，多所悟益"。毕竟，佛陀跋陀罗不但是鸠摩罗什的祖居地天竺来的人，而且又是他的出生、成长地龟兹来的中亚僧团的高僧。无论是对于佛经义理的理解，还是从个人的血统情结与乡土联系来讲，鸠摩罗什对佛陀跋陀罗的亲近感是显而易见的。

三、鸠摩罗什僧团对佛驮跋陀罗的排挤

在相互的佛经义理探讨之中，佛陀跋陀罗与鸠摩罗什之间的矛盾开始显露苗头。当然，在僧传中，关于鸠摩罗什僧团排挤佛驮跋陀罗的事件，出面冲突的人物都是鸠摩罗什的弟子，而鸠摩罗什本人始终处在沉默当中。但是，从鸠摩罗什同佛驮

跋陀罗的交往来看，他俩曾有几次很明显的言语和理论方面的冲突。

在他俩的一次谈话中，佛驮跋陀罗对鸠摩罗什说："您所解说的经义，没有什么超过别人的高明之处，但是你却获得了如此丰厚而广泛的赞誉，这是什么原因呢？"鸠摩罗什很尴尬地回答说："可能是因为我年纪大了，人家才尊敬我而已，哪里称得上有什么赞誉与美谈呢！"

虽然时间间隔了近两千年，但我们还是能从佛陀跋陀罗的这句问话中感觉到他那咄咄逼人的气势，而鸠摩罗什面对这个近乎奚落的问题的回答也是那样的无奈、尴尬。

有一次，后秦太子姚泓组织长安的群僧在东宫论辩佛经义理，就将鸠摩罗什与佛陀跋陀罗作为对立的两方，互相质疑。在这次鸠摩罗什同佛陀跋陀罗的辩论中，佛陀跋陀罗所讲的义理，很多长安学僧都不是十分明白，不得不多次向他请教。之所以如此，是因为他同鸠摩罗什在经义理解上有很大的分歧。

他们当时的这段问答确实很高深，也很有意思。

鸠摩罗什问："法云何空？"

佛驮跋陀罗答曰："众微成色，色无自性，故虽色常空。"

鸠摩罗什又问道："既以极微破色空，复云何破微？"

佛驮跋陀罗答曰："群师或破析一微，我意谓不尔。"

鸠摩罗什很奇怪佛驮跋陀罗的这点不同之处，追问道："微是常耶？"

佛驮跋陀罗答："以一微故众微空，以众微故一微空。"

佛驮跋陀罗的这番从"微"到"色"，从"色"到"空"的论证，确实有他的高明之处。但是他们的这番论难结束后，在场的长安僧人宝云把这番话翻译给众僧，大家都不明白究竟是怎么一回事情。确实，由"一微"破"众微"，再由"众微"破"一微"，这种对"色"之空的破法，真的非常让人费脑筋。

心有不甘的长安僧人们过了几天后又去找佛驮跋陀罗，请求他把同鸠摩罗什论难时那段问答的深意再讲解一番，佛驮跋陀罗很简洁地告诉他们："夫法不自生，缘会故生。缘一微故有众微。微无自性则为空矣，宁可言不破一微常而不空乎！"

佛驮跋陀罗这番高深的论述，需要慢慢体味琢磨，但是他最后这句语气十分强硬的"宁可言不破一微常而不空乎"，显然是针对鸠摩罗什的"微是常耶?"这个疑问发出的，在他看来，"微"本来就是为了表现"法"的一种没有"自性"的缘会，所有根本就不存在"微常"这样的问题，而鸠摩罗什恰恰以"微常"来诘问他，这就是他们两人在"破空"问题上的分歧关节点所在，因而佛驮跋陀罗的这句话语气很冲，可以想象得出来，当时去向他请教的鸠摩罗什僧团的僧人们一定也是极为尴尬的。

这次论难虽然没有造成佛驮跋陀罗同鸠摩罗什僧团的直接冲突，但是可能这次论难中产生的这种不愉快的争论与分歧，奠定了鸠摩罗什僧团成员寻机排挤佛驮跋陀罗的基础。此后发生的一连串的事情使他们的关系最终走向了破裂。

先是佛驮跋陀罗显示出的神异预言引起了长安僧团的非议。佛驮跋陀罗对自己的弟子们预言说："我看到昨天从我的家乡有五艘大船出发向东土来了。"弟子们马上把老师的这个预言告诉了长安的僧人们，那些关中旧僧——其实也就是鸠摩罗什僧团的成员们对此不以为意，认为这是佛驮跋陀罗用这种匪夷所思的把戏来妖言惑众。

此事的非议尚没有消沉下去，佛驮跋陀罗的一个弟子就扬言说他自己已经修得了"阿那含果"，这下子可让长安僧界的僧人们愤愤不平了。

按小乘佛教经典的说法，修行所得果位有四个等级，从低到高分别是须陀洹果、斯陀含果、阿那含果和阿罗汉果。佛驮跋陀罗在罽宾的时候就声称自己修得了"阿那含果"，如今他的一个并不知名的弟子居然也宣扬自己修得了"阿那含果"，这对那些长安僧人的刺激是相当猛烈的，他们认为就连佛祖本身都没有轻易断定自己修得了什么果位，一个不知名的僧人居然如此张狂。

身为后秦僧官的僧䂮与道恒直接找到佛驮跋陀罗，对他说："先前听说您预言有五艘大船从天竺要来东土，言而无实。如今您的门徒居然说自己修得阿那含果，我们都没有听说过佛祖自己曾声言自己修得了什么果位，一个平常的僧人怎么能用这样的狂言来欺世盗名呢？这些事情违反了僧界的律法，长安僧团已经很难同你们在一起修道讲经了。您应该带着您的门徒们赶快离开，不要再在长安停留了。"佛驮跋陀罗闻言，凄凉而无奈地回答说："我身若流萍，去留甚易，但恨怀抱未申，以为慨然耳！"

四、佛驮跋陀罗南下庐山

佛驮跋陀罗历经千难万险，花了三四年的时间，跋山涉水历经好几个国家，并冒险乘坐海船来到东土，目的在于传扬禅法。他来到长安的时候，有大批的僧人从四方赶赴长安，归依在他的门下，但是这些僧人免不了鱼龙混杂，有一些不检点的门徒会做出一些有违戒律的事情，这也是情理中的事情。如今听闻佛驮跋陀罗遭到了长安僧团的驱赶与排挤，那些依附佛驮跋陀罗的僧徒害怕有不测之祸殃及自身，纷纷逃离长安。据说他们有的"藏名潜去"，有的"逾墙夜走"，半日之间就走得剔透零落，真个是"树倒猢狲散"。当然还有一些德行高尚、心志清纯的门徒仍然坚守着自己的老师。

佛驮跋陀罗离开长安的时候，慧观等四十多名弟子追随着他一起动身。据说那天有僧俗界一千多人前来为他们送行，佛驮跋陀罗脸上没有一点悲伤或慌乱的神情，从容自若地告别他的信众，踏上了南去的路程。

后秦国王姚兴听说佛驮跋陀罗离开了长安，也产生了几分惆怅之意，他质问道恒说："佛驮跋陀罗大师到长安来，就是想宣扬他的禅学，可惜尚没有留下他宝贵的思想和教导，怎么能因为一言不慎而得咎离去，使得长安僧众少了一个智慧的导师呢？"

现在的我们实在不能理解姚兴这个感叹的意思何在。按慧皎的记载，当时的长安僧人们要想在长安很好地生存下去，是需要同上层政治人物搞好关系的。姚兴供养的那三千余僧人，都很勤恳地"往来宫阙，盛修人事"，就是同皇宫中的这些权势人物经常走动，搞好关系。而佛驮跋陀罗恰恰不开窍，很少同皇宫中人往来，所以他的被驱离长安，显然也是得到了后秦皇宫中政治势力的默许甚至是推波助澜的，经常同僧人们厮混在一起的姚兴难道就一点不知情？

显然，姚兴对道恒的这个质问，似乎有些装腔作势。但是他也确实派人去追佛驮跋陀罗。佛驮跋陀罗明白事情已经无可挽回，对姚兴的使者说："我非常感谢国王挽留的深恩，但是我很难从命留下了。"于是率领门徒们远走庐山，410 年，佛驮跋陀罗抵达庐山东林寺。慧远大师听说佛驮跋陀罗这个禅学大师到来，非常高兴，就邀请他译出好几部禅学经典。

此后的佛驮跋陀罗开始了游历讲道的生涯，先后到过江陵道场寺等地，并于义熙十四年在道场寺同弟子法业、慧观等百余僧人译出《华严经》前分三万六千偈，此后又将高僧法显从天竺带回的《僧祇律》翻译了出来。从僧传记载看，佛驮跋陀罗还翻译了《观佛三昧海》六卷以及《泥洹经》《修行方便论》等经论一共十五部一百一十七卷。元嘉六年，佛驮跋陀罗在道场寺谢世，享年七十一岁。

很多研究者认为佛陀跋陀罗同鸠摩罗什僧团的关系破裂，是因为佛陀跋陀罗的佛学思想同鸠摩罗什有分歧，这可能只是皮相之见。思想的冲突会导致学者之间的矛盾产生和爆发，但是在世俗的社会中，往往是现实的利益之争才会导致人与人之间的真正冲突。

佛驮跋陀罗的到来，在很大程度上威胁到了鸠摩罗什的地位。

首先，当时习禅已经成为中土佛教修行的一个重要方面，恰恰鸠摩罗什在这方面比较薄弱，并且由于他的屡次破戒娶妻，已经严重地违背了寺院主义的最基本要求。而佛驮跋陀罗在这方面却是非常正宗的禅修大师，他的禅学来自达摩达多、佛大先等著名禅法高僧，而当时那些到西域、天竺取经求道的高僧如智严、宝云等都对他非常推崇。从严格的寺院主义的要求来看，佛驮跋陀罗显然是比鸠摩罗什更为合适的修道习佛的僧人领袖，这对鸠摩罗什在长安僧界的地位显然是一个极大的威胁。

其次，佛驮跋陀罗的被驱出长安，也可能同他一贯过于不谨慎的个人性格有关。在《高僧传》的《佛陀跋陀罗传》中，从一开始，慧皎对于佛陀跋陀罗的描写就显示出这个人在佛学方面的故弄玄虚和好出风头的作风。确切地说，他不是一个低调的人，而是非常有锋芒，似乎很善于抬杠。譬如他在罽宾的同学僧伽达多就认为其人深不可测，当然这说的不是他的学问，而是他的为人。再譬如佛陀跋陀罗在罽宾就声言自己修得了"阿那含果"，透露着相当的自负。他的那个声言修得了"阿那含果"的弟子，不能不说是因为受到了他的影响，才会如此张狂，最终导致了整个僧团被逐出长安的悲剧。

当然，对于佛驮跋陀罗的被逐出长安，当时的僧界大多数人可能是同情佛驮跋陀罗的，譬如慧远大师不但请佛驮跋陀罗翻译佛经，还专门让自己的弟子昙邕远赴长安，致信后秦国王姚兴和长安的僧官等人，进行解释和调解，认为佛驮跋陀罗是受了门下弟子的牵累，这显然是从正面对佛驮跋陀罗作了支持。

五、师子国婆罗门僧对鸠摩罗什僧团的挑战

佛驮跋陀罗被逼离开长安，是鸠摩罗什僧团同外来僧人发生冲突最为严重的一次。在当时的时代背景下，有各种来自天竺、西域的不同教派、不同学说的传道人都希望能取得中原政权的支持，传播自己的学说与教义。

但是在鸠摩罗什僧团同外来僧人的冲突性论难中，鸠摩罗什曾经那么优秀的辩论能力却一点也没有施展出来，他总是在弟子们的后面像影子一样施加着其权威力量，悄无声息地挫败

对手。

这是一个有趣的现象，值得我们特别注意。在鸠摩罗什的上半生，他过人的智慧光芒和辩才是无人能及的。当年无论是在罽宾、疏勒还是龟兹，就连声言拿脑袋作抵押要论难的外道僧人都在鸠摩罗什的雄辩中低下了狂傲的头颅。可是抵达长安后的鸠摩罗什，除了翻译经典的讽诵声外，在辩论方面却变得沉默寡言。

面对佛驮跋陀罗的时候，他的辩论是那么软弱无力，当佛驮跋陀罗厉言质询"宁可言不破一微常而不空乎"的时候，鸠摩罗什没有选择从理论上挫败对手，而是由门下弟子出面以驱逐的方式让对手走人。

显然，屡次破戒已经让这位当年独步西域的高僧变得心怀愧疚，面对寺院主义的戒律要求与修禅境界，即使学问再高，自身的这种"臭泥中生莲花"的尴尬境遇，已经不能让他坦然面对清心寡欲的僧界人众了。

在任何一种论难中，只要对手轻轻点一下他"破戒"这个命门，无论提出了怎么高明的命题，高傲的鸠摩罗什都不会取得胜利，也许，得到的只能是自取其辱。

鸠摩罗什僧团所受到的挑战当然也不只是佛驮跋陀罗这一次，其中比较有影响的还有一个外道对他们的挑战。

这次事件发生在后秦弘始十一年（409）之前的一两年之内，那时候鸠摩罗什刚刚把《中论》译出来一部分，师子国的一个婆罗门僧人向长安僧团正面提出了论难较量的挑战。此人是一个极其聪明、博学多才的学问僧，在当时的师子国，他也是一代宗师。

这个非常高傲的婆罗门僧听说鸠摩罗什在长安受到后秦国

王的大力支持，待以国师之礼，传扬佛法，门徒若云。他心中十分羡慕，就想挫败鸠摩罗什，希望取得后秦政权的认可，张扬婆罗门教。他对自己的随从弟子们说："怎么能让释迦佛教一枝独秀地在震旦（中国）传播发展呢？我们婆罗门教才是真正的正宗智慧之学，我一定要把我们的教义传扬到东土。"

于是他不远万里地骑着骆驼、带了大批的书籍经典来到长安，面见后秦国王姚兴，要向鸠摩罗什僧团提出挑战。

可能这个婆罗门僧的长相实在不怎么讨人喜欢，所以姚兴一见到他就觉得他的口眼不正，怎么看怎么不顺眼，心里便对他的学问与教义非常疑惑，直犯嘀咕。这个聪明而勇敢的师子国一代宗师可一点也不在意，他对姚兴说："世间大道是没有什么一定之规的，只不过都是各尊其事、各言其理而已。我想请国王您下令让我同长安的佛教僧人辩论经义大道，哪一方获胜了就可以在长安传扬自己的教派，失败的一方就离开长安。"姚兴答应了他的这个要求。

姚兴答应得倒是痛快，可是对于鸠摩罗什僧团来讲，就是平白无故地飞来了一场可能会一败涂地的灾难。鸠摩罗什自己亲自出来应场是不可能了，一则这个婆罗门僧找的辩论对手明确要求是"秦僧"，而鸠摩罗什是"胡僧"；再者，作为破戒之人的鸠摩罗什，哪里还有底气来迎接这样一场生死之辩啊。

对于这场不可避免的辩论，那追随鸠摩罗什的三千僧人面面相觑，几乎无人敢于应战。

最后，鸠摩罗什选择了他的弟子道融来同婆罗门僧辩论，他对道融说："这个婆罗门外道聪明过人，又怀着必胜之心来找我们辩论。如果我辛辛苦苦所传扬的佛陀大道因为你的论难失败而折戟沉沙，那就太悲哀了。这次论难，如果让这个外道僧人得逞所求，我佛法轮将受重挫，不得不受辱于东土，现在来看，所有的希望就全指靠你了。"从这番言语来看，鸠摩罗什是如此消极灰心，因为他知道来自师子国的这个婆罗门僧的学问修养非同一般，他所诵读过的西域、天竺经典纷繁复杂，远非当时的长安僧人们所能比拟。

但是，这个道融也不是一般人物，在鸠摩罗什的弟子中，道融的记忆力是最好的，他十二岁的时候就出家为沙弥，据说当时带他的大和尚让他去寺庙附近的村子借《论语》回来学习，结果他到村子后将那里的《论语》看了一遍，很快就背诵下来了，竟不用借回来再读了。回到寺庙后，他拿纸笔靠着记忆力将整本的《论语》默写了出来，这让带他的那个大和尚大吃一惊，才认识到道融是一个聪明非凡、过目不忘的奇才，于是此后就任由他浏览学习儒、佛、道等各类典籍。正是因为这种书海漫游似的学习方式，使得道融的知识结构非常庞杂，各类经书，只要是他读过的，就全都在他的脑子里面储存着。

追随鸠摩罗什之后，道融更是如鱼得水，凭借着惊人的记忆力和非凡的理解力，成为鸠摩罗什探讨佛经经义的得力助手。当鸠摩罗什将《中论》刚刚译出两卷的时候，就让道融来宣讲，结果道融讲得风生水起，义理鲜明，深得鸠摩罗什的赞誉。此后，鸠摩罗什还让道融讲《法华经》，他也讲得有理有据，辞清义明。

现在，当整个鸠摩罗什僧团面临生死存亡的关键时刻，鸠摩罗什自然只能选择道融这个无论在记忆力，还是在博学与口才、理解力方面都很优秀的学生出面应战了。

对道融来讲，这也是一项具有巨大心理压力的艰巨任务，他对自己的应战能力作了个私下的估计，觉得自己在才力方面应该不会输于那个婆罗门僧，但是婆罗门经典他诵读得太少，一旦辩论起来，这方面的知识自己就无法同那个婆罗门僧匹敌。于是他找人把那些婆罗门僧人诵读的基本经典目录与概要写了出来，用最短的时间把它们都背诵了下来。

到了约定辩论的那天，后秦国王姚兴率领满朝文武来到辩论场所，在指定位置坐定等待辩论开始。这是一场由国王亲自主持的盛大的论难活动，当时关中地区的僧人们，不论远近，早早就风尘仆仆地赶到了长安，要一睹道融论辩的风采。

这次论辩事关佛教是否从此继续受后秦国王的支持，与每一个佛教僧人都息息相关，想不关心这场论难也是不可能的。

当国王宣布辩论开始后，那个婆罗门僧与道融就你来我往地互相论难，机锋迭起，精彩纷呈。几个回合下来，彼此间的差别就显现出来了，无论在口才还是知识与理解力方面，那个婆罗门僧显然不是道融的对手，当他终于理屈词穷、无路可走的时候，使出了最后的一个撒手锏，那就是他在天竺、西域各类经典方面的广读博览，他滔滔不绝地列出了一大堆自己读过的经典目录。可他哪里知道，道融在这方面早就做好了准备，根本就不给他喘息之机，一口气列出了许多婆罗门经典，并将其大义一一概述。道融背诵出的婆罗门经典的目录，远远超出了对手所罗列书目的三倍以上，使得那个婆罗门僧目瞪口呆，不知所措。

这时候的鸠摩罗什终于算是松了一口气，他略带嘲讽地对那个婆罗门僧说："你连大秦国僧人的广学博闻都不了解，怎么会如此轻率地来挑战呢？"言下之意是奚落那个婆罗门僧学问浅薄、不自量力。

那个婆罗门僧面带愧色、心服口服，按当时的惯例，他在道融座前足下俯身顶礼后黯然离场，几天后就悄悄离开长安，返回师子国去了。

罩在长安僧团头顶的一块乌云，就这样被道融精彩而轻松地化解了。

六、与鸠摩罗什合作译经的天竺、西域僧人们

无论是同佛驮跋陀罗的矛盾，还是同师子国婆罗门的论难决斗，都是外来僧人对鸠摩罗什在长安后秦政权中"国师"这一角色的挑战。

但是，当时在长安的西域、天竺僧人，大多都是鸠摩罗什的合作者，如卑摩罗叉、佛陀耶舍、弗若多罗、昙摩流支、昙摩耶舍、昙摩掘多等就是典型的代表。

卑摩罗叉与佛陀耶舍是鸠摩罗什的授业老师，又千里迢迢奔自己的学生而来，自然对学生是非常支持的，即使在对罗什破戒方面有什么看法，也不会公然表达出来。

弗若多罗和昙摩流支是在译经方面同鸠摩罗什合作比较默契的两位高僧。

弗若多罗是罽宾高僧，他也是很年轻的时候就出家为僧了，他的特长是在戒律方面坚守很严，自然对戒律经典也很有研究，尤其非常精通于《十诵律》，在罽宾的时候也是一代律学宗师。

后秦弘始五年（403）前后，弗若多罗来到长安，后秦国王姚兴待以上宾之礼。鸠摩罗什也很敬仰弗若多罗坚守戒行的高风亮节。

当时，鸠摩罗什的律部老师卑摩罗叉尚没有来到中原，律

部典籍非常缺乏。鸠摩罗什听说弗若多罗精研律部经典，就请他参与译场，共同翻译律部典籍。

弘始六年（404）十月十七日，鸠摩罗什同弗若多罗合作，在长安大寺开译《十诵律》。参与此次翻译的有义学僧人数百人，由弗若多罗背诵念出《十诵律》的梵本经文，再由鸠摩罗什翻译成汉文，可是在将近翻译出《十诵律》全本经文的三分之二时，弗若多罗因病不治谢世而去，这样，翻译工作不得不停顿了下来。

远在庐山的慧远大师听说了这件事情，也感到很是可惜。当时由于律部典籍的缺乏，对于寺院的管理和僧人的戒行方面影响很大，无论南北僧界自然都希望能尽快译出一部完整的律部经典来。

到了弘始七年秋天，精通律部经典的西域名僧昙摩流支来到了关中地区。慧远大师听说昙摩流支随身就带有《十诵律》的梵文本，欣喜异常，赶忙修书一封，敦请昙摩流支能为中原僧界译出《十诵律》。他在信中诚恳地说："传闻仁者赍此经自随，甚欣所遇。冥运之来，岂人事而已耶！想弘道为物，感时而动，叩之有人，必情无所吝。若能为律学之徒，毕此经本，开示梵行，洗其耳目，使始涉之流不失无上之津，参怀胜业者日月弥朗。此则慧深德厚，人神同感矣。"

慧远的这封信写得很有感情，希望能早日译出《十诵律》的心情非常迫切。他认为，译出《十诵律》可以使得那些刚刚进入佛门的人避免走错修道修身的门径，使得那些已经学佛有成的人更加风清月明、明心见性。

在慧远大师的这种迫切请求下，后秦国王姚兴也向昙摩流支提出了邀请，于是昙摩流支与鸠摩罗什合作，很快就在弗若多罗翻译的基础上，全本译出了《十诵律》。这次翻译显然是非常成功的，但是由于时间仓促，鸠摩罗什对整个译文的简练程度还不是十分满意。

可惜的是，由于鸠摩罗什还在同时做其他翻译工作，直到他去世前也没有腾出充足的时间来对《十诵律》译本作进一步的删繁就简的工作，这个工作后来由鸠摩罗什的老师卑摩罗叉完成了。

《十诵律》是"说一切有部"的根本戒律，昙摩流支与鸠摩罗什合作，将之译为五十八卷，此后，鸠摩罗什的老师卑摩罗叉来到中原后，又接续他们的工作，将之整理补充成了六十一卷。

昙摩流支虽然是坚守戒律的大律师，但是对于鸠摩罗什的破戒没有提出任何异议，可见他在佛学义理与寺院主义之间还是自有分别的。

昙摩流支当时住在长安的大寺，关中名僧慧观想请他到洛阳去，他推辞说："那里有人有法，已经足以讲经传道、利世利人了，我应该到那没有经法的地方去。"后来他就离开长安四处游历，最后不知道去哪里了，也有人说他最终是在丝绸之路上的凉州谢世的。

当时在长安的罽宾僧人应该是很多的，他们同鸠摩罗什往往有着千丝万缕的联系，不是老师就是同一僧团的成员，有的甚至还曾有过非常密切的关系，譬如当时庐山陵云寺的慧安所认识的一位西域僧人就同鸠摩罗什有一些密切的关系。

慧安是以戒律著称的名僧，他有一柄质料奇异的手杖，经常是杖不离手，那柄手杖光色灼彻，并且香气馥郁，上面刻有一行梵文，无人能识。后来他到长安拜见鸠摩罗什。罗什法师看到他手中的香杖，大吃一惊，问道："这柄手杖怎么会在你的手中呢？"原来这柄手杖是鸠摩罗什在西域曾经见过的旧物，也可能它就是鸠摩罗什自己曾经的旧物，上面刻的那行字是："本生天竺娑罗林，南方丧乱草付兴，后得罗什道教隆。"至于这行刻字是什么意思，比较费解，可能是赞扬鸠摩罗什能弘扬佛法的意思吧。这柄手杖是一个西域僧人送给慧安的，那么这个来到中原的不知名的西域僧人，同鸠摩罗什肯定有着密切的关系。据说后来慧安又把这个手杖转赠给了另一位西域僧人，由他把这个来自天竺的奇异物件带回了西域。

当然来到长安的那些罽宾僧人，他们之间也有各种密切的关系，譬如弗若多罗同昙摩耶舍认识就很早，据说昙摩耶舍14岁的时候，弗若多罗就认识他。

昙摩耶舍是一个非常好学的人，但是他早期致力于苦修，以至于到了三十多岁了还是没能证悟大道，据说有一次他做梦梦见了博叉天王，点化他应该不拘苦修小节，应该以传播佛教为己任，于是昙摩耶舍才离开罽宾，历经很多国家，不远万里来到了长安。他大概是在东晋隆安年间到达了广州，住在白沙寺。当时的昙摩耶舍已经八十五岁高龄，由于他善于念诵《毗婆沙律》，信众僧人们都称呼他为"大毗婆沙"。他听说在长安建立政权的后秦国王姚兴大兴佛法，于是在后秦弘始九年（407）初又从广州来到了长安。

这时候，另一个著名的戒律僧人昙摩掘多也到了长安。在后秦太子姚泓的组织和支持下，昙摩耶舍、昙摩掘多与长安僧团的僧人道标等人共同合作，翻译《舍利弗阿毗昙》。弘始九年，昙摩耶舍同昙摩掘多把《舍利弗阿毗昙》的梵文原本书写了出来，翻译工作一直持续到弘始十六年方告完成，共译成二十二卷。

这场持续八年的翻译工作，是在鸠摩罗什僧团的支持下完成的，鸠摩罗什本人虽然没有参与翻译工作，但是他同这两位罽宾僧人的关系应当是比较融洽的。

完成译经工作后，昙摩耶舍又南下到了江陵的辛寺，有三百多僧人跟随他学习佛法。据说昙摩耶舍最终还是又返回西域去了，按僧传的记载来推算，他回到西域的时候已经是九十多岁高龄的老人了。

鸠摩罗什是"说一切有部"出身的学者，虽然他皈依了大乘，但是他倾向于大乘学问，可能更大程度上是出于追求新知识的原因。在他到达长安译经的岁月里，罽宾"说一切有部"僧团有很多僧人来到长安，参与了鸠摩罗什的译经工作。如果说有部的经院哲学给了他丰厚的知识营养和崇高的声誉，而有部的寺院主义戒律等又使得他时刻处在一种尴尬的境地。

罗什破戒后所面临的尴尬境地，时刻影响着他同那些来自罽宾、西域的僧人之间的关系，可以说这是一个在钢丝绳上跳舞的微妙平衡，只有那些外来僧人——尤其是宣扬、翻译戒律部经典的高僧对鸠摩罗什的"破戒"睁一只眼闭一只眼的时候，他们的合作才能愉快一点儿。

第6章

鸠摩罗什和他的弟子们

　　鸠摩罗什不仅仅是开创了中国译经史上的新纪元，而且他的长安译场，就是一个培养佛学学问僧的大学校，培养了一批杰出的佛学家，促进了大乘佛教在中国的全面弘传，影响了中国佛教学术思想发展的道路，推动了佛教中国学派和宗派的创立与演变。

　　当年鸠摩罗什独步西域、讲经龟兹的时候，他的大名在中原地区的僧人中已经是如雷贯耳了。在丝绸之路上，当时的商队和传经的僧人们东来西往，非常频繁，所以关于西域和中原佛教界的情况交流和信息传递还是比较通畅的。东晋名僧道安就是通过这种渠道，了解了远在龟兹的鸠摩罗什的情况，因而对他非常景仰；而鸠摩罗什也是通过同样的渠道知道了道安，还盛赞他为"东方圣人"。

　　正是因为有这样的声誉基础，所以鸠摩罗什到中原之后，四方僧徒就纷纷向他靠拢，跟随他学习佛经。不过鸠摩罗什在姑臧的时候，由于前秦国王吕光父子对佛教没什么兴趣，所以这一时期跟随鸠摩罗什的僧人不会很多。

及至到了长安后，原来道安、竺佛念僧团的僧人们大多又跟随鸠摩罗什学习、翻译佛经，而全国各地的一些僧人听说鸠摩罗什到了佛教中心长安，很多人都风尘仆仆地赶赴长安，追随鸠摩罗什。

在当时的长安，鸠摩罗什僧团号称有三千大德高僧，可能依附他的僧人远远不止此数。并且在鸠摩罗什的身边，还有许多来自龟兹等西域国家的弟子跟随他。

有道安僧团雄厚的佛教义学训练作基础，鸠摩罗什僧团的僧人们的佛学功底大都非常扎实，是一个具有深厚知识背景的学问僧集团。在跟随鸠摩罗什翻译佛经的岁月里，经过长时间的经义探讨和学习，在这三千弟子中，涌现出了著名的"十哲"：僧䂮、僧肇、僧睿、道融、道生、昙影、慧严、慧观、道恒、道标；其中的僧䂮、僧肇、僧睿、道融、道生、昙影、慧严、慧观又被称为"八俊"；而僧睿、道融、道生、僧肇这四位最出色的弟子被称为"关中四子"，他们都是当时以学问、禅修著称的杰出佛学知识分子。

一、倾心禅学的僧睿与辩才无双的道融

"关中四子"是鸠摩罗什最出色的四个弟子，他们是僧睿、道融、道生、僧肇。

在鸠摩罗什的弟子中，僧睿可能是最为得力的译经助手，也是以禅法著称的高僧。

僧睿（349~418），魏郡长乐（今河北冀县附近）人，很小的时候就想出家为僧，但家里人一直不答应。直到他长到了十八岁时，才如愿以偿，跟随著名的僧贤大师做小沙弥。

僧睿为人谦虚认真而颇有内秀，勤奋好学而长进颇快，所以他到二十二岁的时候，就已经是一个博通经论的名僧了。按当时的一代高僧竺僧朗的评价，僧睿在学问上可能已经超过了他的老师僧贤。

据说有一次，僧睿听泰山僧朗法师讲《放光经》，在讨论的时候，他总是机锋迭起，很多体悟与论义让僧朗法师也觉得有高妙之处，但是自己又不能够通达其义。僧朗对僧贤感叹地说："你的弟子僧睿在格义、论难时提出的新见妙义，我是百思不得其解哪。看来这个僧睿真是你僧贤的贤德智慧弟子啊。"这个评价非常高，显然是认可僧睿已经青出于蓝而胜于蓝了。

僧朗法师本来与僧贤大和尚在经义的理解与趋向方面是非常投缘的朋友，可以说达到了心有灵犀一点通的那种精神与思想的交流境界，可是居然不能很好地把握僧贤和尚的弟子僧睿的议论，可见僧睿这个人对于佛经的理解与体悟已经是一般中原僧人难以企及的了。

僧睿二十四岁的时候，就开始游历天下名山大寺，讲经说法，已经有了很多的追随者。他自己也曾跟随道安学习佛法。

僧睿在经义方面的不断探讨与体悟，显然使他对于佛教慧学基础上的禅定有了迫切的渴望。他常常叹息说："如今在中原传播的经法虽然不多，这已经足以使修道人明白佛陀所说的因果学说了，可是修行禅定的禅法没有从佛国传播过来，即使想息心顿念修习禅法，也没有可以遵循的法则，真是可惜！"

在鸠摩罗什来长安之前，中原流行的禅经有《修行》《大小十二门》《大小安般》等经典。这些经典虽然对修禅有所宣扬，但都没有明确的禅法和戒条，所以僧人们要想修禅，也没有可以实践的具体办法。在这样的情况下，僧睿对于学习禅法的渴望就是可以理解的了。

当鸠摩罗什在后秦弘始三年（401）十二月二十日到达长安的时候，僧睿在十二月二十六日就去拜见罗什法师，跟他学习禅法，由此可见僧睿对于修习禅学的迫切心情。

在僧睿等关中修禅僧人的要求下，鸠摩罗什开始翻译出了一个习禅经典《禅法要》三卷。这个《禅法要》就是《坐禅三昧经》，鸠摩罗什号称他所传的禅法是"菩萨禅"，实际上就是一个各种禅经的混抄本，目的在于应一时之急需。

根据僧睿所写的《关中出禅经序》所说，《坐禅三昧经》乃是抄纂众家禅要而成的一个文本。这本经典第一部分的四十三个偈，是鸠摩罗陀罗法师所造；后面的二十偈，是马鸣菩萨所造；中间的五门禅要，来自波须蜜、僧加罗叉、沤波崛、僧加斯那、勒比丘、马鸣、罗陀等天竺著名禅师的禅法选萃；所谓的菩萨习禅法，其实也是综合了《持世经》《十二因缘》等经典的内容。

《坐禅三昧经》译出来以后，僧睿又在弘始九年的时候作了校订，纠正了其中的许多错误之处。

其实鸠摩罗什是重"慧"轻"禅"的，这一方面与他一直以追求新知识而不是习禅修炼为目标的宗教取向有关；另一方面也可能与他的破戒有关，一个屡屡破戒的僧人，已经伤害到了寺院主义的戒律理想，在这个条件下去重视修禅，显然是比较尴尬的。

但是随着佛经的大量翻译，佛学知识只能成为身处寺院中的僧人们一种必要的修道理论基础，而习禅才是修道的实践之道，是真正获得正果的不二法门，所以像僧睿这样的学问僧人，很积极地倾向于禅学，就是必然的了。

僧睿当时之所以受到后秦统治者的赏识，也与他积极提倡、宣扬和实践修禅有关。后秦司徒姚嵩尤其对僧睿特别敬重。有一次，国王姚兴问姚嵩："睿公如何？"姚嵩回答说："实邺卫之松柏。"此处之"邺卫"指河北邺城一带，因为僧睿是魏郡平乐人，正在以邺城为中心的河北地域内，所以这句话把僧睿比喻成邺城地区出类拔萃的松柏那样高大而坚贞。姚兴听了这个评价和赞美，很想领略僧睿的这种松柏一样的风采，看看他的才识如何，于是就聚齐文武百官，在王宫中召见僧睿。神采奕奕而具有出世之风骨的僧睿法师来到王宫，他谈吐清雅，神情淡定。姚兴跟他坐而论道，如沐春风，当下就赏赐给僧睿大师僧官俸禄，配备专门的吏员供他驱使，还给他赏赐了乘坐的肩舆。

召见结束后，姚兴对姚嵩说："僧睿法师何止是邺城地区出类拔萃的松柏之才，他简直就是四海僧众中的标领人物。"僧睿法师被姚兴盛赞为"四海标领"，此言一出，僧睿的声名顿时更上一层楼，四方僧人闻名而来向他求禅问道的更是络绎不绝。

鸠摩罗什所翻译的经典，僧睿不但是主要的助手和参与者，而且还是大多经典的校订者，每次翻译经典中的参正工作，僧睿的理解和校正都能让鸠摩罗什喜出望外。

在翻译《法华经》的时候，参照前代敦煌译经大师竺法护翻译的《正法华经》，在其中的《受决品》中有一句经文竺法护译作"天见人，人见天"。鸠摩罗什翻译到此处，说道："法护大师的这句译文同西域佛经文义相同，但是这样翻译出来，还是有点过于质胜文。"僧睿闻言，马上就说："我看应该译作'人天交接，两得相见'。"罗什一听，马上点头同意："就是这个意思，这个文句最恰当了。"

由此可见僧睿对于经义的领悟能力非常高。后来鸠摩罗什将《成实论》写完之后，就让僧睿为广大僧众开讲该论的奥义，罗什对僧睿说："我所造作的这篇《成实论》，其中有七个地方是破了毗昙之学的，可是在语言上却相当隐晦，如果你能不求教我而将这几处地方解说出来，就说明你确实是天下一流的英才。"等到僧睿宣讲的时候，他果然将这七处地方一一找了出来，解说与鸠摩罗什的论述意旨完全吻合。僧睿讲完《成实论》后，鸠摩罗什很欣慰地说："我来东土传译佛陀经论，能遇到你这样出类拔萃的英才，也就没有什么好遗憾的了。"

鸠摩罗什翻译的很多佛经，都是由僧睿来作序的。现存的就有《出曜经序》《大品经序》《妙法莲花经后序》《自在王经后序》《关中出禅经序》《小品经序》《摩诃般若波罗蜜经释论序》《中论序》《十二门论序》《思益经序》《毗摩罗诘提经义疏序》十一篇经论序文。

僧睿在佛经经文的参正和禅修方面，在鸠摩罗什的弟子中是比较突出的，后世僧人们把他尊称为"睿公"。

而在口才与论难应变方面，道融的才能是无人能敌的，他曾以一人之力，驳倒了向鸠摩罗什僧团挑战的师子国婆罗门僧，巩固了鸠摩罗什在后秦国家传教译经的地位，功劳不小。我们在第五章里已经讲述了道融的事迹，在这里就不重复了。

二、罗什最早的中原弟子——僧肇法师

在"关中四杰"中，僧肇法师是鸠摩罗什最早的弟子，他也是对后世僧人和佛学理论影响最大的一位。

僧肇（约 383~414），京兆人，东晋时期的京兆郡即今天的西安地区。

僧肇出身贫寒，很早就以抄写书籍为生。那个时代印刷术还没有发明，所以学校、读书人、寺院都需要大批书法较好的抄书者，能从事抄写工作的人，都是自身受过比较系统儒学教育的底层知识分子。当时从事这个职业的人叫作"佣书人"。

凭借着佣书人的便利条件，好学善思的僧肇遍读各类经史典籍。要知道在印刷术没有发明之前，书籍的流传渠道是非常不畅的，一般人所能看到的书很有限。可是抄书人就不一样了，什么类型的书他们都可以抄，也都需要他们抄，所以僧肇读过的书，应该是比较杂的。

那个时代玄学盛行，所以《老子》《庄子》这些典籍的需求量就很大。估计僧肇所抄的书里面，此类典籍所占的比例极高，因此僧传中说他"以庄老为心要"。所谓书读百遍理自通，抄写的遍数多了，自然对老庄就很有心得和体会。

僧肇读《道德经》，对其中所讲的道理很不满足，说："老子所讲的道美则美矣，但在冥想深思方面，还是有不尽完善的地方啊。"等他后来读到了《维摩经》，深深为其中所讲的思想所折服，摩挲经书一遍遍地仔细拜读，心中欣喜异常，口中不住地感叹说："现在我才知道该做些什么了。"于是，他出家做了僧人。

出家为僧的僧肇以《方等经》为门径，遍读当时所能看到的三藏经典，很快就成为关中地区名噪一时的高僧大德。周边地区的一些喜欢投机的僧人，从僧肇的发展势头就猜度他今后一定会成为僧界有势力的高僧，所以纷纷背着小包袱，不远千里来投奔他，跟他辩论，期望以这种方式来抬高自己的身价、宣扬自己的声名。

精通儒佛典籍的僧肇，不但才思幽玄，而且又善于谈说辩论，无论是僧界中人，还是关中的儒生，在经义辩论方面都很难成为他的对手。

但是僧肇显然很不满足于他自己所获得的知识，当他听到鸠摩罗什在凉州的姑臧，就马上收拾行李，千里迢迢地远赴姑臧，拜见鸠摩罗什，成为罗什最早的弟子之一。

对身在逆境中的罗什法师而言，僧肇的前来拜师学习，显然是他在姑臧生活中的一件快事，况且僧肇是如此优秀，罗什法师自然非常欣悦。鸠摩罗什是 384 年到达姑臧的，这时候的僧肇才刚刚出生，所以可以推断，僧肇赴姑臧的时间应该是在鸠摩罗什即将离开姑臧远赴长安之前的几年。

401 年，僧肇陪同鸠摩罗什来到了长安，在迅速集结于鸠摩罗什门下的成百上千的僧人中，很多都是学有所成、声名在外的高僧。后秦国王姚兴明确传达命令，让僧肇、僧睿等几个学问渊博的高僧入住逍遥园，协助鸠摩罗什详定经论。

僧肇给鸠摩罗什提出的第一个建议，就是指出前贤翻译的佛经，由于离开经典制作的时代比较久远，再加上语言不通，造成了文义驳杂不定、错误极多的局面，应该做经文辨正的工作。及至鸠摩罗什开讲之后，僧肇比较罗什所讲的佛经新义，越发觉得过去翻译的经典错讹很多，他在新旧经义差别方面的体悟与认识愈加深刻，于是他就写了两千多字的《般若无知论》给老师鸠摩罗什看，罗什看完后连连称好，夸奖他说："我的解经有高明的地方，但是也能从你的论述中学到很多恰当的文辞。"

这篇《般若无知论》传到南方后，当时在庐山的著名隐士刘遗民读后非常受震动，他感叹说："没想到在僧侣之中，竟然有像何平叔一样的解经英才。"何平叔就是三国时期的哲学家何晏。

何晏，字平叔，好老、庄，是魏晋玄学贵无派创始人，与王弼并称"王何"，魏晋玄学家代表人物之一。他主张儒道合同，引老以释儒。刘遗民以何晏来比拟僧肇，可见僧肇的学术水平确实很高。

刘遗民把僧肇的《般若无知论》专门拿给庐山慧远大师看，慧远读后的评价是："未常有也！"意思是说这是一篇很难读得到的经典文章。

对于这篇论文，据说刘遗民和慧远大师认真探讨了很长时间，然后刘遗民专门给僧肇写了一封信，同僧肇探讨他所提出的问题，僧肇自然也写信作了回答。刘遗民的《致僧肇书》及僧肇的《般若无知论》和回复刘遗民的信件《答刘遗民书》，收在《高僧传》之《僧肇本传》等佛教文献中。

僧肇随后又相继写了《不真空论》《物不迁论》等著名的论文，并且给《维摩经》作了注释。鸠摩罗什翻译的经论，大多由僧睿作序，僧肇作了《长阿含经序》《梵网经序》《百论序》。等鸠摩罗什去世后，僧肇又写了《涅槃无名论》这篇著名的论文，上呈后秦国王姚兴。姚兴倍加赞赏，当即命令将《涅槃无名论》誊写数部，分发他的子侄们学习体会，由此可见姚兴对僧肇及其这篇著名佛学论文的重视程度。

东晋义熙十年（404），僧肇在长安逍遥园去世，享年三十一岁，后世僧界尊称他为"肇公"。

三、开创顿悟法门的竺道生

顿悟是佛教修炼的一种方便法门，按后世禅宗的解说来看，主要是指修道者无须经过长期的修炼，只要能体悟到自身等同佛性，就可以立刻成佛。而"顿悟成佛"的这个法门，最早就是由道生提出来的。

道生（355～434）是鸠摩罗什的弟子"关中四子"中最有开创性的一位，他精研《涅槃》诸经典所体悟倡导的"顿悟成佛"，开创了中国佛教修炼中的"顿悟"法门，为佛教的发展作出了重要贡献。

道生俗姓魏，出生于彭城的一个世代官宦之家，他的故乡原本在河北巨鹿（今河北平乡），后来才移居彭城的。道生的父亲曾做过广戚的县令，为人忠厚善良，有"善人"的美誉。彭城是中国最早具有佛教寺庙香火的地方之一，而道生的父亲既然被赞为"善人"，这预示着他的家庭可能是信仰佛教的。

道生最早曾受业于著名高僧竺法汰，后来又在庐山修炼七年，钻研群经，斟酌诸论，认为"慧解"——也就是体悟佛经的经文大义才是修得正道的唯一法门。鸠摩罗什到长安后，道生和他的同学慧睿、慧严一道来到了长安，跟随鸠摩罗什学习。关中的僧人们都很佩服他的"神悟"的才能，可见他在体悟佛经奥义方面确实独具一格。

在鸠摩罗什的译经生涯中，道生所发挥的作用可能微乎其微。因为他西去长安，向鸠摩罗什学习的目的并不在于佛经翻译，《高僧传》之《鸠摩罗什传》中说："龙光释道生，慧解入微，玄构文外，每恐言舛，入关请决。"正是因为来自东晋京城建康（今江苏南京）龙光寺的道生不是一个拘泥经典，而是擅长体悟与发挥经义的僧人，所以他到关中拜鸠摩罗什为师，就是担心自己发挥的一些思想有错误，所以要向鸠摩罗什验证他自己提出的一些思想的正确与否。

由于记载阙如，我们现在已经无法知道鸠摩罗什对这位喜爱创新的弟子的确切看法。但是可以想象得出来，像鸠摩罗什这样一位在佛学经典方面博学多才的有部僧人，他本来对中原僧人在佛经理解和体悟方面就有着轻视的态度，那么对于道生这样一位"胡思乱想"的学生，也许不会有太多的好感。

虽然后世僧界将道生推为"关中四子"之一，但这主要是因为道生的"顿悟成佛"在以后的岁月里成了中国佛教徒追求的方便法门，从而才将这位"胡思乱想"的鸠摩罗什门生抬举了起来。可以说，在佛教中国化的进程中，道生功不可没。

道生在长安待的时间不长，刘宋义熙五年（409）他又返回了京城建康，入住青园寺讲经说法。当时的刘宋皇帝刘义隆对道生礼敬有加，王公大臣、有名儒生如王弘、范泰、颜延等都纷纷向道生问道求学，一时声名鹊起，道场兴隆。

道生跟随罗什游学多年，所以对龙树和僧伽提婆所弘传的中观空义旨要能够深达玄奥，因此体会到语言文字只是诠表真理的工具，不可执着和拘泥。他曾慨叹道："夫象以尽意，得意则象忘；言以诠理，入理则言息。自经典东流，译人重阻，多守滞文，鲜见圆义。若忘筌取鱼，始可与言道矣！"于是校阅真俗二谛的书籍，研思空有因果的深旨，建立"善不受报""顿悟成佛"的理论。

"顿悟成佛"理论的建立，还同道生对《涅槃经》的深入研究有关。

东晋安帝义熙十四年（418），已有人在建康译出法显所带回的六卷《泥洹经》，经文中多处宣说一切众生都有佛性，将来都有成佛的可能，唯独"一阐提"人是例外的。

道生精研《涅槃经》，从经中"一切众生悉有佛性"的道理而推论说：一阐提也有佛性，也可以成佛。什么是"一阐提"呢？一阐提是梵文"一阐提迦"这个概念的音译，翻译成汉语就是"断善根"。一阐提就是断绝善根的极恶众生，他们没有成佛的菩提种子，就像植物种子已经干焦一样，"虽复时雨百千万劫，不能令生，一阐提辈亦复如是"。道生对于这种说法是不满意的，他仔细分析经文，探讨幽微的妙法，认为一阐提固然极恶，但也是众生，并非草木瓦石，因此主张"一阐提皆得成佛"。这种说法，在当时可谓闻所未闻，全是道生的孤明先发。在倡导因果报应、诸善奉行的佛教慈悲背景下，道生公然提出断绝善根者有佛性，认为"立善不受报，顿悟成佛"，这在当时的佛教界是严重离经叛道的思想。

"一阐提皆得成佛"的这个异端邪说激怒了佛教界，众僧群情激奋，把道生驱逐出僧团，赶出了京城。临行前，道生对同门的僧人们发誓说："如果我说的顿悟成佛不符合佛陀所说的经义，那就让我身染恶疾；如果与经义不相违背，祈愿在我离世之前能在狮子座上涅槃而去！"

后来道生辗转落脚在苏州虎丘，仍然固执己见，拒不低头。传说他向虎丘的石头说法，说到一阐提可以成佛的时候，石头都点头称赞，这便留下了一个"顽石点头"的掌故。

在道生入住苏州虎丘不久，盛夏的一个雷雨之夜，惊雷震塌了京城青园寺佛殿，那些心惊胆战的僧人纷纷说见到有龙升天而去，在闪电中看到了投射在佛殿西墙上的矫捷的龙身光影，于是就将"青园寺"改名为"龙光寺"，此后的佛典中提到道生，也就称之为"龙光释道生"了。

对宣扬"一阐提皆得成佛"的道生而言，离建康并不远的苏州虎丘也并非清静安生之地，所以他到这里不久，就不得不再次黯然离去，远走庐山。僧传中说他这次到庐山是"投迹庐山，销影岩岫"，那就是说在庐山的深山岩谷中隐居了起来。对于一个貌似离经叛道的僧人来讲，这也许是最为有效的对抗攻击的方法。

后来，《涅槃经》出了更为完整的译本，经文里明明写着一阐提可以成佛，道生也就从异端分子变回一位正信的佛教徒了。

那么《涅槃经》的完整译本是什么时候译出来的呢？

《涅槃经》有三个译本，一是东晋名僧法显翻译的六卷本《大般泥洹经》，二是北凉时期中天竺僧人昙无谶翻译的四十卷《北本涅槃经》，三是南朝宋慧严、慧观与谢灵运等以昙无谶译本为主，对照法显译出的六卷本，又增加品数而成的《南本涅槃经》三十六卷。

道生早期研读的《涅槃经》就是法显译出的那个六卷本，在这个六卷本《涅槃经》中，只有"一切众生悉有佛性"的经文，但没有"一阐提皆得成佛"的文句；所以道生根据这个不完全的《涅槃经》译本提出"一阐提皆得成佛"，从经文字面上看来是没有根据的，所以会受到青园寺及京城僧人们的攻击。

而为道生洗刷冤屈的全本《涅槃经》指的是昙无谶翻译的四十卷的《北本涅槃经》。

昙无谶在北凉永安十年（410）前后来到了北凉都城姑臧，他随身带有西域"白头禅师"传给他的树皮本《涅槃经》前分十卷及《菩萨戒经》《菩萨戒本》等经典，受到了崇信佛教的北凉国王沮渠蒙逊的欢迎。在姑臧，昙无谶经过三年的汉语言学习后，开始翻译他带来的经典，由于他带来的《涅槃经》只有前分十卷，所以为将全本《涅槃经》集齐，昙无谶又不辞辛苦、风尘仆仆地远赴西域，在于阗国寻得《涅槃经》的中分部分带回了姑臧，此后又再次派人到于阗，寻得《涅槃经》的后分。

北凉玄始三年（414），昙无谶正式开始翻译《涅槃经》，参与翻译的有慧嵩、道朗及僧俗学者数百人，直到玄始十年（421）十月共译出四十卷。

从昙无谶《涅槃经》全本的翻译时间来推算，建康龙光寺的僧人们读到全本《涅槃经》最早也是在421年之后，而据《高僧传》的《佛驮什传》记载，宋景平元年（423）十一月，道生与慧严及罽宾僧人佛驮什、于阗沙门智胜共同在龙光寺译出《弥沙塞律》三十四卷，称为"五分律"。那么就是说，到了423年，道生的"一阐提皆得成佛"的论断已经得到了龙光寺僧人们的认可，所以他也才由庐山回到了龙光寺，同慧严、佛驮什、智胜共同翻译《弥沙塞律》。

但是，显然此时的龙光寺已经再也不是道生的驻扎之地了，从虎丘辗转在庐山隐居多年的他，可能在翻译完《弥沙塞律》后就返回庐山，开始宣讲昙无谶新译出的全本《涅槃经》。

宋元嘉十一年（434）冬十一月，道生在庐山精舍为他的弟子们讲说《涅槃经》的时候圆寂而去。

当年因为提出"一阐提皆得成佛"而被建康僧界驱逐出京

城的时候，道生就发誓说如果他的理论是正确的，他就应该在狮子座上说法的时候离开尘世。现在这个誓言终于应验了，据说道生刚刚把那天的经义讲完，弟子们就看到他拿在手中的麈尾顿然坠地，气息随之而绝，面目安详，如圣人熟睡一般端坐高座。远在建康的僧人们听说道生在说法高座上溘然长逝的消息，都觉得非常惭愧，后悔当年不该将这样一位善于体悟佛经大义的高僧驱逐出京城。

道生是《涅槃经》的大师，而《涅槃经》正是禅宗的重要思想源泉之一。道生的著作，见于记载的有《维摩》《法华》《泥洹》《小品》诸经义疏，现只《法华经疏》传存二卷。其《维摩经疏》散见于现存僧肇撰的《注维摩诘经》、唐道掖集的《净名经集解关中疏》及《净名经关中释抄》中。此外道生还撰有《善受报义》《顿悟成佛义》《二谛论》《佛性当有论》《法身无色论》《佛无净土论》《应有缘论》等，都已佚失。还有《涅槃三十六问》等关于佛性义的问答诸作，其中只《答王卫军书》（友题作《答王弘问顿悟义》）一首现存《广弘明集》卷十八，余已遗失。

道生去世后，他的弟子继续大力宣扬他的顿悟学说，使之为中国禅宗的诞生奠定了基础。

四、逍遥园三千大德中的精英们

鸠摩罗什弟子中的"十哲八俊"，前面已经介绍了僧肇、僧睿、道融、道生四位，还有僧䂮、昙影、慧观、慧严、道恒、道标这六位著名弟子也是各有所长。

僧䂮

僧䂮法师，以在僧界的管理才能而闻名，他是佛教东传中国后，见于文献记载的由政府任命的最早的僧官。

僧䂮俗姓傅，北地泥阳人，大概也就是今天的陕西耀县东南，是东晋时期的河间郎中令傅遐之的长子。不知道是什么原因，他在少年时代就出家为僧，跟随长安大寺的弘觉法师学习，后来又在青州、司州、樊州、沔州一带的寺院游学访道。

鸠摩罗什到长安翻译佛经，由于四方僧人纷纷前来学习，在长安的僧人数量大增，这对长安僧团来讲既是好事也是坏事，僧人多则佛事会更加兴旺，可是也为管理带来了麻烦。少量的僧人可以做到自我约束，可是长安僧团当时有八百之众，顶峰时期达到五千人，这么庞大的僧团，就难免良莠不齐。

显然，仅仅靠僧团的自我约束和一般的戒律限制已经是力不从心，所以专心佛事的姚秦朝廷觉得有必要由国家来出面管理僧人们。后秦国王姚兴认为这些学僧还没有达到一定的佛学修养境界，整日过着清苦的寺院修炼生活，当然难免不犯错误、不做一些出格的事情，如果不加以妥善的管理，学僧们将会越来越不守戒律，最终破坏僧团的禅修与学习，因此他觉得"宜立僧主以清大望"。显然，像鸠摩罗什这样的高僧大德仅仅是僧团的精神导师，僧团应该有真正意义上的管理者——"僧主"，由僧主来管理僧团，树立僧团的道德威信。

姚兴看中了僧䂮在这方面的管理才能，况且僧䂮本人当时就是以行为清谨、严守戒律而著称于僧界。据僧传的记载，远在姚兴尚未继承后秦国王王位之前，就特别仰慕僧䂮，等到在长安见到僧䂮后，对他更是非常敬重，所以由僧䂮来做僧主是最合适不过了——严守戒律的清修模范、少年就出家于长安僧团的地缘优势、与后秦国王的良好关系，正好符合做一个僧团管理者的所有条件，一切都顺理成章。

于是姚兴下诏说："大法东迁，于今为盛。僧尼已多，应须纲领。宣授远规，以济颓绪。僧䂮法师，学优早年，德芳暮齿，可为国内僧主。僧迁法师，禅慧兼修，即为悦众。法钦、慧斌共掌僧录。"

这是一道建立中国历史上最早的国家佛教管理机构的政府法令，是一份任命书。德高望重的僧䂮被任命为"国内僧主"；禅慧兼修的僧迁法师被任命为"悦众"，法钦、慧斌二人被任命为共掌僧录的主管。

不仅如此，姚秦政府还给了僧䂮这个"国内僧主"一系列官员待遇，包括给僧䂮以乘坐的车子，配备了下属的吏员；在官秩方面，僧䂮这个"国内僧主"相当于后秦中央的"侍中"这一级别，其他僧官如僧迁、法钦、慧斌也都给了丰厚的待遇和赏赐。到弘始七年（405），姚兴又下诏配给僧䂮三十个侍从，这样，后秦的僧官体系就建立起来了。

虽然已经成了有秩别的中央国家官员，但是僧䂮法师仍然保持着一个严守戒律的僧人的本分。他从不坐车，车子给了那些老弱或有疾病的高僧使用，自己来来往往都坚持步行；他得到的优厚赏赐和俸禄也都被他当作僧团的经费使用。后秦弘始末年，僧䂮在长安去世，享年七十岁。

昙影

同僧䂮一样，昙影也是北部边境的人，但是不知道他具体出生在什么地方。

在鸠摩罗什的弟子中，昙影是以善于论述经义而著称的，是一位优秀的义学僧人。

据说昙影的性格是属于那种比较内向的，不喜欢同别人过多交往，举止沉静，安贫乐道。《高僧传》还说他"过似淹迟而神气骏捷，志与形反"，这句话的意思可以理解为，昙影这个人相貌与行动看起来呆若木鸡似的，可是眼中却透露出敏捷非凡的神气，胸中所怀的志向同他的外貌截然相反。外表看来这是一个标准的书呆子。

昙影善于讲说《正法华经》《光赞》《般若》等经典，他每次讲经的时候，都有上千的信徒和僧人们来听讲。在鸠摩罗什到来之前，昙影就来到了长安，受到姚兴的隆重接待。等鸠摩罗什到长安开场译经，昙影即跟随他学习。昙影的年龄要比鸠摩罗什大一点，鸠摩罗什对昙影非常敬重，在昙影拜见过罗什的第二天，罗什就对姚兴夸赞说："昨见影公，亦是此国风流标望之僧也。"

鸠摩罗什对昙影的这个夸奖很有意思。在当时对于人物的评价话语中，有一些很特别的用语，如姚兴曾夸奖僧睿是"四海标领"，意思是全国僧人中的典范、榜样；而鸠摩罗什夸奖昙影用了"风流标望"这个词，我们就不能很好地把握这个"风流"是什么意思。按《高僧传》对昙影的描写，他就是一个典型的书呆子，对这样一个人见一面就冠以"风流"二字，实在是令人费解。不过在《续高僧传》的"释智矩传"中曾用昙影的例子来比喻智矩，说智矩"每讲谈叙清擢宗致，雅涉昙影之风"，由此可以推断，鸠摩罗什所夸奖的昙影的"风流标望"，是说昙影在讲说佛经时表现出来的那种雅韵风致，是后秦国僧人无人能及的一个典范。

正是因为昙影在佛经义学方面的突出表现，所以姚兴敕命昙影入住逍遥园，协助鸠摩罗什翻译佛经。

在昙影的协助下，后秦弘始八年（406），鸠摩罗什译出了《妙法莲花经》，昙影总结在翻译过程中所讨论和体悟的经义要旨，撰成了《法华义疏》四卷；弘始十一年（409），《中论》翻译出来，昙影又作了《中论注》，并作了《中论序》；弘始十四年（412），鸠摩罗什译出了《成实论》，昙影与鸠摩罗什斟酌诸条论义，三番五次地讨论，后来昙影把讨论的论义结集成文，呈交罗什法师。鸠摩罗什阅读后赞叹说："大善！深得吾意。"

鸠摩罗什去世后，昙影隐居山林，修道讲经，大约在东晋义熙年间谢世，享年七十岁。

慧观与慧严

慧观俗姓崔，是清河人（今河北清河），据说他十岁就已经以"博见"而知名于乡里，后来出家为僧，曾四处游方，拜师学习。曾到庐山跟随慧远大师学习佛法，当他听说鸠摩罗什抵达长安时，就毫不犹豫地离开庐山，前往长安拜见罗什法师。

在鸠摩罗什的弟子中，慧观是非常优秀者之一。他曾撰著《法华宗要序》请罗什法师指点，鸠摩罗什读完后赞叹说："善男子，所论甚快！"这个称赞听起来是模棱两可，只是言其所论甚快，至于所论是否好，竟不置一词，可见鸠摩罗什对慧观可能并不欣赏。

那么，慧观到底是一个怎样的僧人呢？

当时的人这样评价慧观："通情则生融上首，精难则观肇

第一。"这句话的意思是说，在鸠摩罗什的弟子中，有四个人可以相提并论，那就是道生、道融、慧观、僧肇；在他们四个人中，道生、道融是"通情"方面最优秀的弟子，慧观、僧肇是"论难"方面最好的学生。

既然慧观被当时人评价为鸠摩罗什的弟子中最出色的四个之一，为什么在"关中四子"中没有慧观呢？这同慧观跟随佛驮跋陀罗修习禅法有关。

佛驮跋陀罗被鸠摩罗什僧团逐出长安的时候，原先跟随佛驮跋陀罗的很多僧人都背师而去，只有慧观等四十余人坚定不移地跟随佛驮跋陀罗，先后到荆州、庐山等地，翻译佛经，宣扬禅学。

由于宋文帝的邀请，最后慧观跟随佛驮跋陀罗来到了南朝宋的京城建康的道场寺，在这里讲经说法，广收门徒。慧观于南朝宋元嘉年间在道场寺去世，一生撰有《辩宗论》《论顿悟渐悟义》《十喻序赞》等著名佛学论文。

慧严俗姓范，豫州人，他十六岁就出家为僧，很快成为当时比较有名的僧人。鸠摩罗什到长安后，他同慧睿、道生前往就学，其佛学特长，是在利用"音义"方法解说经义方面有比较突出的成就，这说明他很有语言学天赋。慧严后来辗转到了建康的东安寺，423 年，慧严同道生、佛驮什、智胜在龙光寺共同翻译了《弥沙塞律》。佛驮跋陀罗后来在道场寺翻译《华严经》前分三万六千偈时，有个叫"慧严"的僧人是主要的参与者，这个慧严是否就是东安寺的慧严，需要探讨。

道恒与道标

道恒与道标可能是鸠摩罗什的弟子中最为才能所累的人，

此二人据说都有经国之才，所以曾被后秦国王姚兴看中，想让他们还俗做官，结果闹得不欢而散。

道恒是蓝田人（今陕西蓝田），据说他九岁的时候在路边玩耍，当时的一个隐士张忠见到他，就赞叹说："这个小孩子相貌有超出常人的地方，如果能在世俗中显扬功名，会是一个很好的辅佐之臣；如果出家为僧，必能光大佛法。"当然，这样的超前预言是很难让今天的人们所相信，我们就当是一种对于早慧少年的褒扬吧。

道恒很小的时候，父母就相继弃世而去，他跟后母生活在一起，虽然家无余粮，艰难度日，但他非常孝顺后母。他在谋生与经营方面也很有本事，依靠自己画缋的技艺，赚钱养活后母。古代所说的"画缋"，就是在衣裳和旗仗等纺织品上绘画的技艺。道恒能掌握这样的技艺并赖以为生，可见其在美术方面还是有些特长的。

当然道恒不仅仅是在忙于生计的俗务中劳劳碌碌，他还抽空夜以继日地学习知识，阅读儒、释经典。到了他二十岁的时候，后母也去世了，等办完了丧事，守孝结束后，道恒就出家为僧人了。

因为有广泛阅读儒、佛典籍的基础，所以道恒很快就成为了精通内外之学的学问僧，当鸠摩罗什到长安的时候，他就欣然前往，追随罗什法师学习。

在鸠摩罗什的译场中，道恒很快就成了罗什得力的助手，他的同学道标同他齐名。

可是这时候的后秦国王姚兴不知道为什么就看上了道恒、道标二人的才能，他认为道恒、道标二人"神气俊朗，有经国之量"。姚兴的这个判断，倒是正好同隐士张忠对童年道恒的评价相同，即这两个僧人可能真像是做官的材料。

姚兴随即下诏，要后秦尚书令姚显敦促道恒、道标还俗做官，这对于一心向佛的道恒、道标不啻是一声晴天霹雳，于是鸠摩罗什僧团上下围绕姚兴的诏书，展开了一系列的劝谏活动。道恒给姚兴上了《抗表陈情》，述说了自己的志向，恳请姚兴能收回让他们还俗的诏令。并连续给姚兴写信，表达不愿还俗的决心。鸠摩罗什写了《答秦主姚兴》的书信，请求姚兴能开恩应允道恒、道标专心佛事的要求。"国内僧主"僧䂮也先后《奏道恒道标事》《又答姚兴书》等表章和书信，期望能说服姚兴收回成命。

但是姚兴对此不管不顾，还是一再要求道恒、道标尽快还俗，服务朝廷。强权无奈之下，道恒、道标只好离开长安，遁迹山林，终老一生。

道恒曾撰有《释驳论》《百行箴》等，主旨是为僧侣谋生经营作辩。

在长安逍遥园中，虽然有三千多僧人协助鸠摩罗什法师翻译佛经，但是在僧传中记录下来的著名高僧却人数有限，除"十哲八俊"之外，如慧睿、僧弼、僧苞、昙鉴、慧安、昙无成、僧导、道温、僧业、慧询也都是鸠摩罗什弟子中比较有名的一代高僧。

第7章

罗什与中原思想界的交流与隔膜

没有回首的人生是短暂的，在有限的生命历程里，能回首遥望人类深厚绵长的过去，我们的人生才会变得意义非凡。但更具挑战性的是，如果我们的目光和思维竟然穿透了绵延无尽的未来时空，我们又将如何面对呢？佛学思维，正是在试图穿透那过去与未来的时空，身处其中的思想者，既会获得通透的欣喜，也会收获那悲天悯人的忧郁。

今天的我们，能否体验隐藏在宽大僧袍下的鸠摩罗什大师那最后一声沉重的叹息呢？

当我们仔细阅读南朝梁朝僧人慧皎在《高僧传》中撰写的《鸠摩罗什传》的时候，有一种明显的感觉，那就是在罗什离开龟兹东赴中原之前，他的宗教生活是如此的光彩夺目、锐气十足，可以说充满了明亮轻快的色彩。鸠摩罗什所到之处，往往是辩才无双、所向披靡，充满了思想的进攻性。

可是到中原之后，他却仅仅成了一个"译经人"。虽然受到了后秦政权的支持，鸠摩罗什的思想、辩才却失去了曾经的光芒，一种淡淡的忧郁气息笼罩着他在中原的译经岁月，这一点在他同中原僧人的交往和其坐化前的叹息中表现得尤为明显。

一、罗什与慧远大师的交往及思想差异

鸠摩罗什的宗教哲学思想是当时大乘空宗的典型代表，他否定一切主、客观现象，主张人的主观世界的虚妄，介绍了一种变即不变，运动就是静止的理论，反对区别生命之生死。他的哲学思想独特，既不同于我国汉魏以前的唯心主义思想，也与小乘佛教的世亲创立的"万法唯识"的大乘有宗思想有着区别。这种哲学思想的实质，是把现实世界看作苦，是无常，是虚门，这是罗什宗教哲学思想的一个重要特点。这种对于一切主客观现象否定的"毕竟空"思想，同当时的中原思想界的"有无之争"有着认识层次上的截然不同，所以罗什同中原僧俗界的思想都有着很大差别。尤其是他同道安的学生、庐山高僧慧远的思想差异更具代表性。

慧远是东晋名僧道安的弟子，道安在世的时候，就非常仰慕在龟兹国传道讲经的鸠摩罗什，所以慧远很早就应该知道鸠摩罗什的大名，但是对于鸠摩罗什的思想是没有什么接触的。

对于当时的中原僧侣而言，来自天竺、西域的僧人是他们了解佛教原典的最佳途径，这一点对于慧远也是如此。所以，慧远法师到庐山后，对于来自西域、天竺的僧人都比较关注，僧传说他"每逢西域一宾，辄恳测咨访"，自然是希望能同这些来自佛教发源地和较早传播地的高僧们作交流，向他们学习。

当鸠摩罗什于 401 年抵达长安后，后秦左军将军、安成侯

姚嵩即刻致信慧远，向他详细介绍了鸠摩罗什抵达长安、翻译佛经的情况，慧远接信后自然非常欣喜，于是在 403 年即写信一封向鸠摩罗什问好。

从这封信来看，姚嵩写信给慧远之前，鸠摩罗什曾向姚嵩打听过慧远的情况，而姚嵩在信中也把这个情况告诉了慧远，所以慧远在写给鸠摩罗什的信中开头就说："释慧远顿首：去岁得姚左军书，具承德问。"

随后，慧远对中原佛教界的情况作了简单的介绍和评价，表达了自己听到鸠摩罗什抵达中原这个消息后的喜悦心情，说他不能同罗什见面而深感遗憾，只能登高远望，表达自己迫切的心情。慧远还说"负荷大法者，必以无报为心；会友以仁者，使功不自己"，自然是期望鸠摩罗什能对中原佛教作出无私的贡献。不仅如此，慧远还专门制作了法衣和法物相赠。

这封热情真诚的信和馈赠物品由慧远的弟子昙邕送往长安，鸠摩罗什非常高兴地接待了来自庐山的传信使者，并立即回信表达了自己的佛学立场和感谢之情。

在这封信中，罗什引用了佛经中"末后东方当有护法菩萨"的说法，赞扬慧远为弘扬佛法的勇敢仁者，言下之意当然是将慧远比喻为东方的"护法菩萨"了。信中还写了一首偈语表达了自己的佛教思想：

既已舍染乐，心得善摄不。

若得不驰散，深入实相不。

毕竟空相中，其心无所乐。

若悦禅智慧，是法性无照。

虚诳等无实，亦非停心处。

仁者所得法，幸愿示其要。

在这首深奥的诗偈中，鸠摩罗什初步表达了自己的佛学思想，并且在最后一句也恳请慧远大师，希望将他所理解的佛法也告诉自己，共同探讨。

此次信件往来，是鸠摩罗什与慧远大师思想交流的开始，慧远大师给鸠摩罗什赠送了礼品，罗什法师也把自己的输石和双口澡罐这两件礼物送给了远在庐山的慧远。

此后，慧远大师与鸠摩罗什有过多次书信来往，尤其是应罗什的邀请，慧远接连写给罗什十八封信件，其中提出了几十个问题，同罗什进行探讨。可惜的是，深受玄学影响的慧远大师同秉持中观学说"毕竟空"的鸠摩罗什有着太大的差异，他们的思想并不能互相促进，而只能是各存其说。鸠摩罗什与慧远的这些思想交流的信件，后人整理成了《大乘大义章》共十八章，存在藏中。

慧远当时的声名已经是如日中天，据说来自西域、天竺的僧人们都知道在东方的庐山有个大乘高僧慧远，所以他们每每在烧香礼拜的时候，都要东向朝着庐山稽首致意。

罗什与慧远这两位贤哲虽然对于佛法的理解与感悟不同，但是他们的相惜之情仍然是非常深的。慧远法师曾写了《法性论》这篇文章，超脱了中原传统的寿命长短、生死观念，而同佛陀所说的"涅槃"有异曲同工之妙。罗什读到后，非常欣喜，感叹说："边国人未有经，便暗与理合，岂不妙哉！"

后秦国王姚兴也非常钦佩慧远法师的才思，经常同他书信往来，并将鸠摩罗什带来的龟兹国细缕杂变佛像送给慧远。

鸠摩罗什与慧远的书信、礼物往来，当时都是由慧远的一位弟子昙邕送达的。当时从庐山到长安，一般都是从寻阳溯江而上至荆州，然后北经襄阳到关中长安，路途遥远，山河险阻，非常艰辛。可以说，没有昙邕这样一位任劳任怨的僧人的风尘劳顿，也就没有鸠摩罗什与慧远这样两位伟大贤哲的思想交流。

昙邕之所以多年来一直担当这份艰辛异常的重任，同他自身的特殊经历及体质等都有密切的关系。

昙邕俗姓杨，是关中人，他"形长八尺，雄武过人"，曾经做过前秦国家的卫将军，太元八年（383）跟随前秦国王苻坚南征东晋，兵败回长安后就随道安出家为僧了。道安去世后，他来到了庐山，追随慧远大师。他的性格坚毅，非常能吃苦而又忠心耿耿。正是因为昙邕是一个武夫出身的厚道僧人，才能在十余年中坚持不懈地奔走于庐山与长安之间，为这两大僧团传递信息。

后来昙邕年事已高，建康道场寺的僧鉴法师想请他去扬州，昙邕以年龄大不便远行为理由，没有去。慧远大师身边那些优秀弟子害怕昙邕留在庐山，会影响他们今后的地位，于是找个借口把昙邕赶出了僧团。昙邕的晚年比较凄凉，他迫不得已在庐山西南的地方建了一个简单的茅茨居住下来，同弟子昙果静心禅修。据说慧远去世后，昙邕悲痛欲绝，后来他辗转到了荆州的竹林寺，在那里度过了风烛晚年。

昙邕用自己的双腿历经十多年的艰辛奔波，为慧远和鸠摩罗什交流架起了桥梁，可惜的是，这两位大师并不能真正达到思想上的相知。对鸠摩罗什来讲，虽然他很佩服慧远的才思，可是慧远毕竟不能理解他的"毕竟空"的中观思想，这种南北的交流，并没有消除他来到中原后的那种思想上的孤独感。

在鸠摩罗什来长安以前，中国内地佛教中已经流传着"神不灭"的思想。在《四十二章经》与《牟子理惑论》都有这样的论述。魏晋南北朝时期，"神不灭论"成为中国佛学思潮中争论的焦点，许多人撰写文章论证"神不灭"的思想，从而引起了一场激烈的辩论，推动了"神不灭"思想的发展。这一时期，僧侣阶层中坚持"神不灭论"观点最彻底的是慧远，他在很大程度上继承了他的老师道安的思想。"神"作为一个概念在早期翻译的佛经中是不能得到很确切的理解的。因而，慧远有"形尽神不灭"的观点，还是停留在简单的"形神"之辨上。在没有见到鸠摩罗什翻译的《般若经》之前，慧远对"神"观念不能从大乘般若中观的角度去理解。同时，由于受到传统文化的影响，中国古已有之的灵魂、鬼神观念对慧远的"神"观念的形成起了至关重要的作用。因此，他总是将"神"执着为实有的存在，追求一个永恒的、实在的本体成为慧远宗教世界观的终极目标。正是在这种有神论的指导下，他对鸠摩罗什所持有的"毕竟空"的宗教世界观产生了许多的疑惑。为此，他同鸠摩罗什往返多次通信，都是执着于他自己的理解，希望鸠摩罗什能予以解答。

针对当时中国本土流行的"神不灭"的思想，鸠摩罗什也是从"无常"与"无我"的中观"空"性的角度批驳了"神不灭论"的主张，在与慧远的往复问答中，集中表现为对慧远"法身"思想的批判。"法身"是慧远思想体系中的一个重要观念，他总是将"法身"这种跟"神"有所交集的概念视为"实有"。慧远对佛教名相的理解完全是从传统中国的"有无观"出发的，他讲"法身"是实有的，这跟鸠摩罗什的"毕竟空"根本上是无法相互理解的。按鸠摩罗什来看，慧远是只知俗谛而不知真谛。慧远与罗什的思想差异，在《大乘大义章》里有所反映。比如，慧远把"法身实相"与"法性实相"混同。法身是相用，法性是性体，即现象与实质之别。

在中观学说看来，任何一法，都是不生不灭、不常不断、不一不异、不去不来的。

没有产生和灭亡，没有连续性，也没有间断性，即既非限，也非有限；没有同一，也没有差别；没有运动、变化。故对任何一法的认识，都要依据"中道"的方法，既不能执着于世谛（世俗认识所指谓的真理），也不能执着于真谛（从佛教立场指谓的真理）。依据中道的看法，应是非有非无。对此非有非无实际上也不能执着，所以又应非非有非非无。这种中道就是诸法之实相，是每一事法的终极本质，整个世界的终极本质。认识到这种实相，就能入涅槃。得诸法实相，就是佛。

鸠摩罗什站在般若中观的立场，对这种典型的中国"神"观念实有论进行批判，始终坚持大乘般若中观思想，从般若性空的角度去否定慧远的"神不灭"的宗教世界观，坚持了他的"无常""无我"的世界观，从而，也推动了般若中观思想在中国的发展。

二、身入歧路的鸠摩罗什与中原思想界的隔膜

从鸠摩罗什自己的表述来看，翻译佛经其实对他而言是一个迫不得已的选择，与他自己的志向是脱节的，是一条不得不走的歧路。因而，来到中原后的罗什，生活在一种抑郁的气氛中。在长安的岁月里，罗什法师的那种忧郁气息随处可见，尤其是他同弟子们的对话，内中透露着太多的无奈和疲惫，甚至是绝望。

他的这种情绪，同在中原找不到一个可以理解他思想、可

以同他对话的哲人有关。罗什对于新知识的渴求和对于思想的刺激，是他前半生的求学生涯中形成的本能反应，可是到长安后，这一切都没有了可能。虽然他对中国思想界的后续影响非常巨大，但是就在他所生活的那个时代，他同中国思想界的那种隔膜是非常深厚的，"有无"之辩、"形灭神不灭"等论辩非常热烈，而这些争论，对秉持"毕竟空"思想的鸠摩罗什来讲，完全是低一个层次的问题。他同当时思想界的如慧远大师这样的高僧，虽然往返数次讨论、交流，但也只能是鸡说鸡话、鸭言鸭语。

在一定程度上可以说，不仅仅是在佛教思想方面，鸠摩罗什对于传统中国的某些思想和概念的理解，已经远远超过了中国思想界当时的水平，譬如对于《老子》中的"无为"思想，鸠摩罗什就明确解释为"己虽无为，任万物之自为，故无不为也"，这就将"无为"解释得生动而透彻，突出地彰显了老子无为思想的精髓与积极之处。可以说，仅就这个概念的解释，在一定程度上就可以动摇对于《老子》思想解释的很多消极趋向体系。

显然，鸠摩罗什这样一位思想深刻的异域思想家，其在当时的处境中，那种一览众山小的孤独感是相当浓厚的。

不过，慧远法师对罗什的这种失落情绪也是了解的。404年秋天的时候，有一个名叫法识的僧人从长安来到了庐山，他告诉慧远法师，鸠摩罗什打算要回龟兹去，慧远闻讯非常惊讶，很快就写信让昙邕前往问候罗什法师。他在信中说："日有凉气，比复何如？去月法识道人至，闻君欲还本国，情以怅然。"这封信开头就迫切地述说了慧远听到鸠摩罗什要返回龟兹消息后的失落心情，在信尾还写了一首偈语诗，最后一节为："时无悟宗匠，谁将握玄契。来问尚悠悠，相与期暮岁。"表达了慧远挽留鸠摩罗什的真诚心情。也许是因为别的原因，也许就是因为慧远法师这封情真意切的挽留信，罗什才打消了返回龟兹的念头。

其实，刚到长安开始翻译佛经的时候，罗什法师就发现他自己并不是十分喜欢这份迫不得已的差事。当时他的弟子僧睿经常随着他传写翻译出来的经文，罗什就为僧睿论说天竺文佛经的语言状况：

> 天竺国俗，甚重文制。其宫商体韵，以入弦为善。凡觐国王，必有赞德。见佛之仪，以歌叹为贵，经中偈颂，皆其式也。但改梵为秦，失其藻蔚。虽得大意，殊隔文体。有似嚼饭与人，非徒失味，乃令呕哕也。

这段话虽然是把中原汉语言文字同天竺梵文的音律方面的不同作了对比，目的在于使僧睿了解二者之间的差别，从而能把佛经经文翻译得更有韵律一点，但是罗什法师在其中使用的比喻确实反映出了他的那种并不愉快的心境，他说把梵文译为汉文，虽然将经文的大体意思表达了出来，但是将梵文中优美的韵律丢失了。所以佛经的翻译工作，就像是嚼饭喂人一样，不但失去了原有的韵味，而且还恶心得令人呕吐。

显然，做这样的工作，对鸠摩罗什来讲，并不是什么愉快的事情。

最能反映罗什法师的那种忧郁心境的，可能就是他那首著名的赠僧人法和的偈语：

> 心山育明德，流薰万由延。
> 哀鸾孤桐上，清音彻九天。

131

在这首诗偈里，鸠摩罗什用栖息在孤桐树上哀伤的鸾鸟作比喻，表述了自己在中原僧团中就像那哀伤的鸾鸟一样，虽然会发出响彻九天的清丽鸣叫之声，但有谁会听懂这彻天铺地的高洁声音呢？

鸠摩罗什由一个名震天竺、西域的大乘高僧，转变成了一个在中原翻译佛经的"译经僧人"，这对他来说，确实是一个巨大的转折。他的志向在于成为像龙树菩萨那样的大乘佛教的思想者，而不是成为一个经典的翻译者。这种局面的形成，显然有两方面的原因。首先，鸠摩罗什的破戒，已经严重违背了寺院主义的基本要求，他已经远远地背离了佛教的道德规范，已经没有资格或者说缺乏充足的资格去做一个"禅修"的大师，自然，要成为像龙树菩萨那样具有开创性的一代宗师，也是不可能了；其次，当时的中原僧界，由于佛教典籍的缺乏及翻译出来的典籍的不完备等原因，迫切需要外来的僧人在"佛经翻译"而不是"思想发展"方面作出贡献。

正是因为以上这两点原因，就决定了来到中原的鸠摩罗什只能很委屈地成为一个"翻译家"，而不是"思想家"。让一个雄心勃勃的思想家来做翻译家的工作，其内心的痛苦和无奈就是显而易见的了。

鸠摩罗什经常叹息说："如果我下笔来撰著《大乘阿毗昙》，就连迦旃延子都无法跟我相比。"罗什对自己的辨定经义的能力是如此自信，以至于觉得自己完全能超过一代宗师迦旃延子。

那么迦旃延子是一个怎样的人呢？

据《婆薮盘豆法师传》记载，迦旃延子是释迦牟尼佛灭度五百年后的一个著名阿罗汉，他本来是天竺人，"说一切有部"

的僧人。后来他到了罽宾国，召集五百阿罗汉和五百菩萨，并从舍卫国请马鸣菩萨来到罽宾做执笔者，共同斟酌经文、辨定经义，撰说"说一切有部"的《大毗婆沙论》百万颂。这次辨定经义的活动，又被称为佛教史上的"第四次佛经集结"。

鸠摩罗什既然如此自信，为什么不像迦旃延子撰著《大毗婆沙论》那样，撰写一部辨定大乘经义的《大乘阿毗昙》呢？鸠摩罗什随后就解释了他之所以不能这样做的原因："今在秦地，深识者寡。折翮后此，将何所论。"

在这个回答中，鸠摩罗什给出了两个答案，首先，在他的视野中，中原地区有高深佛学见解的人太少了，甚至就是没有这样的人，所以他觉得自己就是撰写出了这样的高论，又有谁能读得懂呢？其次，屡次破戒的他已经像是一个折断了羽毛的飞鸟，即使作出这样的高论鸿文，又能怎么样呢？

这句话是鸠摩罗什对自己在中原地区像哀鸣的鸾鸟一样孤独、失望的最好解释，"今在秦地，深识者寡"叹息的是他在思想上所面临的"高处不胜寒"的孤独感；"折翮后此，将何所论"表达了他破戒之后的绝望心境。

三、在长安圆寂

无论罗什法师在志向的实现方面是如何不如意，但这都无法掩盖住他的个人魅力与光芒。慧皎在《高僧传》用这样几个词语来勾勒鸠摩罗什的形象："神情朗彻，傲岸出群，应机领会，鲜有伦匹者。笃性仁厚，泛爱为心，虚己善诱，终日无倦。"

"神情朗彻，傲岸出群"，勾画出他那心境出世、智慧在胸的孤傲学问僧气质。

"应机领会，鲜有伦匹"，描摹出了他的思维敏捷、辩才无双。

"笃性仁厚，泛爱为心"，体现了一个大乘僧人慈悲为怀的心性。

"虚己善诱，终日无倦"，既表明了他良好的道德修养，也体现了他旺盛的精力和对于传扬大乘思想的热忱。

正是因为这些良好的个人素质与魅力，才使得鸠摩罗什能在长安聚集一个人才济济的学问僧集团，在祥和的诵经讲道中，将那些用西域、天竺文字记录的佛经翻译成了汉文。

正如那花开花谢、草生树长，再美丽的花朵也总有凋谢的时候，贤哲鸠摩罗什也是一样，公元413年，他的生命之火也走到了熄灭的那一刻。

他先是感觉到身体不太舒服，于是叫来自己的西域弟子，教给他们三通神咒，大家一起念诵，用这种办法来调节身体不适。显然，念咒只能是一种安慰了，解决不了什么问题，他的身体感觉越来越差，很快就病危了。

罗什感觉到自己已经不行了，就召集弟子们留下了最后的遗言，他说：

> 因法相遇，殊未尽伊心，方复后世，恻怆何言。自以闇昧，谬充传译。凡所出经论三百余卷，唯十诵一部未及删烦，存其本旨必无差失。愿凡所宣译，传流后世，咸共弘通。今于众前发诚实誓，若所传无谬者，当使焚身之后舌不燋烂。

这段话翻译成白话文就是：由于共同追求佛法，我同大家走到了一起，但是没有很好地尽心教授你们，实在是遗憾，如果来生相遇，自当尽心同修。我是个暗昧之人，由于形势所限，勉强能算是个译经人。我翻译出了佛经三百余卷，其中只有《十诵律》没有来得及仔细校订、删繁就简，但是也将其主旨翻译出来了，应该没什么大问题。祈愿我所翻译的佛经，能流传后世，弘扬佛法。今天当着大家的面，我发誓，如果我所翻译的佛经遵循了佛陀的经义，没有什么差错，我死之后火化，身体其他部位焚烧成灰，但唯有我的舌头不焦不烂！

言毕，鸠摩罗什在长安逍遥园溘然长逝，时间为后秦弘始十五年（413）八月二十日，享年七十岁。弟子僧肇为他作《诔》悼念，有学者考证这篇《诔》不是僧肇所作，是后人伪托，具体情况到底如何，只能暂且存疑。

随后弟子们就在逍遥园外按照西域僧界的风俗，将鸠摩罗什进行火化，果然，火灭之后，他的身体其他部位都焚烧成灰，只有舌头不焦不烂。

从401年五十八岁的鸠摩罗什法师来到长安，到413年圆寂，他在逍遥园、草堂寺译经十二年，译出佛经七十余部、三百多卷。

即使这样，罗什法师的个人才能也并没有得到完全的发挥。据说他圆寂后，一位天竺僧人曾说："罗什所谙，十不出一。"就是说，鸠摩罗什的知识和智慧及思想资源，表达出来让世人看到的，尚不及他的十分之一。

当我们仰望星空的时候，我们是否意识到，就在今夜，我们看到的那点闪光，可能就是上万年、上千年前从哪个星体发出的。人类思想的光芒也是如此，那些伟大的先哲在遥远的历史深处给我们留下了点点启迪和智慧的声音，只有随着历史隧道去追寻那些贤哲的足迹，我们也才能更完美而深刻地体会那些饱含人生经验和哲思的经典语句。

著名作家施蛰存先生在创作《鸠摩罗什》时，认为鸠摩罗什的一生是"惨淡地生存，悲伤地死去"。但是，从信仰的角度和追求知识智慧的角度来看，我们会得出不同的结论。信仰不是习得的，而是一种关于人生的体悟。也许，鸠摩罗什是把佛经作为知识和智慧来学习，可能他所走的是与一般信仰者完全相反的路。因此，鸠摩罗什的尴尬与忧伤也就不难理解了。

第 8 章

鸠摩罗什对般若学及东亚文化的贡献

　　鸠摩罗什一生从事佛经的翻译活动，他不但是著名的佛经翻译家，还是佛教思想家。

　　从经典的翻译数量上看，唐代的玄奘占绝对优势，从译经的内容及给后世影响方面看，罗什在译经史上占有很高地位。唐玄奘翻译的佛经大多在佛藏中保存着，而僧俗各界吟诵阅读的重要佛经还是用鸠摩罗什翻译的本子。

　　况且早在玄奘之前，罗什就译出了《大品般若经》及《小品般若经》，使中国佛教界系统地吸收了般若思想。对中国佛学的兴盛以及隋唐佛教诸宗的形成，起到了推动作用。他在中国历史上第一次较为系统全面地介绍了印度佛学思想体系，影响波及以后的整个中国思想界，而且也深深地渗透到中国传统文化及东亚文化的各个领域之中。

一、鸠摩罗什的论著与译作

　　罗什本人的著作不多，据慧皎《高僧传》记载，罗什曾作

《实相论》《注维摩经》等，但现今都已经失传了。正是因为罗什曾撰有《实相论》，所以后人也将罗什的思想归纳称之为"实相宗"，称罗什的禅法为"实相禅"。

现存的罗什著作有以下几端：

1. 鸠摩罗什给后秦国王姚兴的两封书信

一封为《答秦主姚兴》。由于姚兴看中了鸠摩罗什的弟子道恒、道标的治国才能，要逼迫他们还俗为官，鸠摩罗什写了这封信为弟子求情，期望姚兴能让他们继续为僧。

另一封是《答姚兴通三世论书》。姚兴写了一篇题为《通三世论》的文章，来解释人生的因缘果报关系。文章写好后呈送罗什，请他提意见，鸠摩罗什读完后写了这封回信，就三世之有无作了详细解说，并且赞誉姚兴的《通三世论》为"雅论"。

2. 鸠摩罗什同慧远的往来书信

最早的一封是 403 年所写的《答慧远书》，这是他们的第一次通信，还互相赠送了礼物。

此外就是回答慧远书信中提出的十八个问题而写的回信，后人编为《大乘大义章》十八章，共三卷，内容主要涉及法身、实相、念佛三昧等问题，这也是了解罗什与慧远思想的重要文献。

3. 三首诗偈

第一首是赠僧人法和的偈语：

> 心山育明德，流薰万由延。
>
> 哀鸾孤桐上，清音彻九天。

这首诗偈是否是鸠摩罗什所作，学者们有所疑问。据说鸠摩罗什当时曾写了十首诗偈，文献中就保存下来了这一首，慧皎《高僧传》归之于罗什，目前只能断定为罗什的作品。

第二首是罗什在《答慧远书》中所写，表达自己佛学思想的诗偈，含义深奥：

> 既已舍染乐，心得善摄不。
>
> 若得不驰散，深入实相不。
>
> 毕竟空相中，其心无所乐。
>
> 若悦禅智慧，是法性无照。
>
> 虚诳等无实，亦非停心处。
>
> 仁者所得法，幸愿示其要。

这首诗偈毫无疑问是罗什的作品。

第三首诗偈是有名的《十喻诗》，收录在唐朝类书《艺文类聚》卷七十六中：

> 十喻以喻空，空必待此喻。
>
> 借言以会意，意尽无会处。
>
> 既得出长罗，住此无所住。
>
> 若能映斯照，万象无来去。

罗什的译作，《出三藏记集》载为三十五部，二百九十四卷，《开元释教录》列为七十四部，三百八十四卷，实际现存三十九部，三百一十三卷。

罗什的译作侧重于般若类经，特别是龙树空宗一系的作品，译有《摩诃般若波罗蜜经》《小品般若波罗蜜经》《金刚般若经》等般若类经，《中论》《百论》《十二门论》《大智度论》等中观派经典，《阿弥陀经》《法华经》《维摩诘经》等大乘重要经典（后两种经也和般若类经互相发明），《坐禅三昧经》《禅法要解》《首楞严三昧经》等大乘禅经，《十诵律》

《十诵比丘戒本》《梵网经》等大小乘戒律，以及其他一些大小乘经典。

二、鸠摩罗什对中观般若学发展的贡献

从佛学思想发展方面来看，鸠摩罗什对中观般若学说在中原的传播与发展具有划时代的意义。

鸠摩罗什是出身于一切有部的僧人，他早期的佛学知识与智慧，主要来自对有部典籍的深入广泛的学习，当在疏勒国接触大乘经典后，他为大乘学说的"毕竟空"所折服，从此继承了龙树菩萨的大乘思想。

龙树的大乘思想是在部派佛教的基础上产生的。

释迦牟尼去世后一百余年，约公元前4世纪后期，佛教因内部对教义理解不同，遂分裂成上座部与大众部，之后这两派又多次分裂，到公元前后已有十八部派之多，他们都或多或少地继承了一些原始佛教义理，但是对于佛经已有了各自不同的解说，被称为部派佛教。

部派佛教的共同特点是"多着有见"，事实上已经背离了佛经的原始义理，不能辩证地看待问题，偏执实有，悲观厌世，自私自利，这就是所谓的小乘佛教。

约在公元150年至250年之间，龙树出生于南印度毗连婆国。当时，大乘佛教思想的经典如《大般若经》《华严经》《宝积经》《维摩经》《妙法莲花经》《楞严经》《涅槃经》等都已出现，且争鸣斗强，思想界一片混乱。

龙树依据诸多大乘经典，著书立说，其中以《中论》《十二门论》《大智度论》这"三论"最为著名，提倡中道实相之

理，驳斥那些偏执妄见的大小乘错误观点。龙树的弟子提婆又著《百论》。龙树的"三论"重在破斥佛教内部小乘学派观点，而提婆的《百论》重在破斥其他宗教学说，从而形成了独树一帜的印度中观学派，推动了印度大乘佛学发展到新的阶段。中观派对般若思想的最重要发展，就是突出了中道的思想，既反"空"见，又反"有"见，反对各种偏执，无论是佛教内的，还是佛教外的，均以"中道"思想为原则来分析、破斥，这是中观派的重要特点。

　　罗什首先研习的大乘思想就是龙树的中观学派。他承袭龙树思想，到长安后又系统地翻译了有关经律论，经弟子僧肇等人的释解推演，形成了三论宗，又称中观宗。"中观"是依其思想内核而称谓，又称"中道"。般若中道便是罗什六乘佛教的中心。

　　在鸠摩罗什翻译佛典之前，中国传播的般若学说是以支娄迦谶、支谦、竺法护等译的般若经典为主要依据的。般若思想在东汉末三国时期就传到了中原，支娄迦谶最早翻译出了《道行般若经》《般舟三昧经》《首楞严三昧经》三部般若类大乘典籍，参与译事的还有天竺僧人竺佛朔。此后三国时期的支谦译出了《道行般若经》的异本《大明度经》六卷和《佛说维摩诘经》二卷；朱士行西去求取经典，译出《放光般若经》。西晋时期竺法护译出《光赞般若经》十卷，无罗又译《放光般若经》二十卷。由于翻译水平所限，这些般若类经典既不能非常充分地表达大乘般若类思想，也没有体现出印度大乘佛学思想的最新进展，因而中国的般若学发展水平在很大程度上要受这些经典中提出的理论的制约。

　　因而，两晋之际对于般若思想的理解，出现了"六家七宗"的纷繁解释局面。当时中国思想界之所以对般若思想的"空"观理解出现歧异与偏差，有三方面的原因：第一，中国僧人们受当时盛行的玄学思想的影响，用玄学的"有""无"之争来理解般若思想中的"空"；第二，当时译出的般若经典本身的表述矛盾，译者对佛经翻译的不准确或含糊，都从源头上将般若思想引向偏执之道；第三，般若学发展的最新思想中观学说没有被及时引入中国思想界。印度的般若学说本身有一个发展过程，《般若经》的原本较杂，内容多有详略差异，并常有前后矛盾之处。龙树等在《般若经》的基础上写出了《中论》《十二门论》等著作，进一步将般若思想系统化，消除了不同本的《般若经》之中的思想歧异，使得般若思想得到了明显的发展。般若思想的这种最新发展情况，中国人从支谶、竺法护等人的译籍中是不能了解到的，再加上翻译工作本身及解释方面的问题，当时的中国思想界是很难达到印度中观派的般若思想发展水平的。

鸠摩罗什的翻译，正好就是一次性解决了以上三方面的问题，他对般若思想在中国的进一步传播发展的贡献主要表现在三方面：一是译出了印度中观派的主要论著，将般若思想在印度发展鼎盛时期所取得的主要成果介绍给了中国人；二是重新译了般若经典，纠正了在他之前的汉魏以来所出的《般若经》汉译本中的不准确或含混之处；三是用中观派的观点来解释般若类经典，从根本上破除了"六家七宗"的各类偏执。

因而，鸠摩罗什对《中论》等一批中观派要典的翻译，对于般若思想在中国的发展来说，具有划时代的意义。

三、鸠摩罗什的翻译理论及其所译佛经的特色

在鸠摩罗什之前，汉时的译经数量也不少。就般若类经典而言，在中国早有译介，有名的如《放光》《光赞》和《道行般若》等，但在罗什之前，译得并不完备，因而在理解上也容易引起分歧。罗什的译经对"空"观作了全面而又准确的阐述，从而为解决般若学的纷争创造了条件。

据《高僧传》所述，早期的佛经译文"多滞文格义"，"不与胡本相应"，这样就在一定程度上影响了对于佛教经典的正确理解和体悟。在佛教初传时期，采取格义方式，也就是用中原固有的一些名词来代替比附佛经中的名词，最初的出发点是为了使佛教教义易被中国人所了解，但这样做的同时也就强化了佛学与中国文化的共同性，增强了外来佛教学说与中国文化之间的"求同倾向"和人们对它的认同，削弱了排拒心理，这是佛教能够在中国立足生根的心理基础，也是外来文化进入本土的必要过程。但是，如果仅仅停留在求同上，只注意两种不同思想的概念和名词之间的相似性，并不能把它们真正融合起来，无助于真正理解哲学家的深层思想或者宗教学的核心教义，也无助于本土哲学吸取新鲜养料，反而会在思想上引起混乱和曲解。因此，鸠摩罗什决意一改以往的翻译方法，由直译改为意译，不拘泥形式，而注重对经义的正确传达和表述。为使佛经真义得到广泛流传，他运用了达意译法，使诵习佛经者能易于理解接受。

鸠摩罗什有深厚的印度、西域各国的语言和知识修养，又在凉州的姑臧生活十七年，对汉语言掌握比较熟练，因而他得

天独厚地具有流畅地翻译佛经的学术修养。正是因为鸠摩罗什在翻译方面的巨大改变，才使翻译流畅、正确的佛经第一次在中原地区传播开来。

在佛经翻译史上，相对于罗什译经之前的译作而言，罗什的译作被称为新译，其译文兼顾文和质两个方面，行文优美，概念准确，达到了前所未有的高水平，因而受到后人很高的评价。

鸠摩罗什在佛经翻译方面不仅做到了译文流畅、准确，而且对于中国佛经翻译的技巧、理论等方面也作了非常可贵的探索。鸠摩罗什认为，梵文辞体华美，可以配以音乐诵唱，但译入汉语后，虽然还能保存原义，却失掉了那份韵律美，所以，他同弟子们慎重斟酌、再三推敲，不但要译出原义，同时力求文字通俗化，兼富优美文学色彩，推翻道安认为应以古朴文体为本的理论。

对前人译作，鸠摩罗什也有深入研究并作出不少批评。在重译时，鸠摩罗什引入革新的翻译方法，如通过音译法，重新定名，去掉那些援引中国当时流行的玄学术语，避免混淆佛学基本的思想。纠正旧译，如阴、入、持等，改为众、处、性等。并对旧译失当处，逐一校正，使之"义皆圆通，众心惬服"。如他翻译的《金刚经》《法华经》《维摩诘经》等都是富有文学韵味的佛经典籍。鸠摩罗什在处理专有名词如人名、神名和一些不可翻译的名词上都有他的独到见解，对于那些难以在汉语中找到对应的梵文词汇，他会坚持音译，而且力求统一译名，避免一词多译，使译文更见易读，同时亦不失异国文化色彩，多添了一份文字的美感。

无论是在文辞上还是对于佛教概念的把握上，罗什的译本可以说是最为成功、也最流行的。譬如《维摩诘经》的翻译就是一个典型事例。《维摩诘经》，又名《维摩诘所说经》《维摩经》《不可思议解脱经》《净名经》，是印度早期大乘佛教的重要经典。此经在中国广泛流传，影响很大，前后共有七个汉文译本，分别是：东汉严佛调译《古维摩诘经》，三国吴支谦译《维摩诘所说不思议法门经》，西晋竺叔兰译《毗摩罗诘经》，西晋竺法护译《维摩诘所说法门经》，东晋祇多密译《维摩诘经》，后秦鸠摩罗什译《维摩诘所说经》，唐玄奘译《说无垢称经》。其中支谦、鸠摩罗什和玄奘的译本留存至今。在这些译本中，流行最为广泛的是鸠摩罗什的译本，这一点从敦煌遗书中《维摩诘经》各译本的写卷数目就可一目了然：支谦译本有两个敦煌写本，玄奘译本也只有四个敦煌写本，而鸠摩罗什译本的写本却高达八百二十一个。由此可见鸠摩罗什译本的流行程度。

罗什译本的语言生动活泼，明白晓畅，朗朗上口，符合汉语文法和语言习惯却又不违背原文的意旨，正是所谓"曲从方言而趣不乖本"，各种层次的读者都容易读懂，所以，罗什新译出来后就逐渐取代旧译，流行于大江南北了。

四、鸠摩罗什对佛教中国化及东亚文化的贡献

鸠摩罗什长安译经讲道是中国佛教和文化历史中具有划时代意义的一件大事，他第一次把印度佛学按照真正意义翻译并引进来，不但对后世佛教诸宗的产生发展发挥了决定性作用，而且影响到以后中国的整个思想和文化的发展走向，使佛教与中国传统的儒、道并立而形成具有中国特色的文化基础。

鸠摩罗什翻译的佛经对中国佛教发展产生了重要的影响，很多佛经都成了此后中国佛教宗派及东亚佛教派别立宗的重要典籍。在唐朝，一共有八家著名的佛教宗派，其中的六家都是因鸠摩罗什法师的译经而建立的。如他所译的大品和小品《般若经》，当时就是般若学的要典；《维摩诘经》《金刚经》也为般若学所重，又为后来的禅僧所重；《成实论》为成实宗所宗；《阿弥陀经》《弥勒成佛经》为净土宗所宗；《中论》《百论》《十二门论》为三论宗所宗；《法华经》为天台宗所宗；《十住毗婆沙》也是华严宗所重的经论之一。

所译禅经和戒律类经典及经论也产生了很大影响，像《维摩诘经》《大智度论》等也是后来修习佛学者的必读典籍。在当时的长安逍遥园、大寺等译经场中，最高峰的时候有三千多僧人协助翻译，况且鸠摩罗什的弟子"十哲八俊"及姚兴、姚嵩等王公贵族都积极参与佛经的翻译、校订、辩论等工作，可以说，罗什的译作也是集体智慧的产物。

在文学方面，由于鸠摩罗什翻译的佛经具有优美的文学韵律，以印度文学为底色的佛经经文及其中的故事、表现手法等对中国文学的发展产生了广泛的影响；在艺术方面，以《维摩诘经》为代表的佛经，为石窟寺的壁画创作提供了生动、简洁的底本，如敦煌莫高窟的壁画《维摩诘经变》就是依据鸠摩罗什译本绘制的，其他石窟中出现的大量"维摩诘经变"和"西方净土经变"都与罗什的译经有关。

鸠摩罗什所译的经典先后传入朝鲜、日本等国。在日本知识分子里，认为他的译经在古代译师中最为准确，因此特别推崇，撰写赞文加以赞诵。在古代朝鲜和日本还流行着弥勒信仰，而这些都与鸠摩罗什译的《法华经》有重要关系，所以他对东亚佛教的发展有着重大的影响。

从中国佛教思想文化发展史的角度来看，鸠摩罗什翻译佛经和培养弟子，是中印文化交流、中国少数民族与汉族文化交流的巨大工程，也是中国历史上第一次大规模的外来文化与本土文化的碰撞、交融，具有重大的文化意义和历史意义。鸠摩罗什对中国佛教思想文化的影响，鸠摩罗什对于中国佛学与中国思想界的影响，方立天先生总结为以下两个方面：

第一，推动中国佛教思想的发展进入一个新的阶段。由于鸠摩罗什的翻译，中国始有良好的佛教译本和系统的教义，中国佛教才得以面目一新。尤其是使大乘空宗的思想获得广泛的流传。大乘佛教根本义理的移植和弘传，实应归于鸠摩罗什。

第二，促进南朝学派和隋唐学派的形成。鸠摩罗什重译或新译的大量不同类型的佛典，为中国佛教学派和宗派的产生提供了基本的佛学根据和思想基础。

由此可见，鸠摩罗什的业绩对中国思想发展的影响是广泛、深入而久远的，对中国佛教史的影响超越了佛教宗派和东晋以来的历史时限，从这个意义上说，鸠摩罗什赢得了在中国佛教史上首屈一指、高于他人的历史地位是绝对不过分的。

当然，鸠摩罗什以居士之行践菩萨之道，实践了《维摩诘经》所宣扬的"出家在家不二"的精神，为现世的士大夫和深受儒家孝道思想影响的民众解除了出家在家的心理矛盾，这可能也是罗什备受推崇的一个潜在原因。

附　录

年　谱

344 年（东晋建元二年））　　鸠摩罗什生于龟兹。

350 年（东晋永和六年）　　随母出家。

352 年（东晋永和八年）　　随母渡辛头河，至罽宾，从盘头达多学习小
乘学。

355 年（东晋永和十一年）　　随母返回龟兹途中到沙勒（疏勒）国。

356 年（东晋永和十二年）　　在沙勒国跟随须利耶苏摩学习大乘佛法。

357 年（东晋升平元年）　　随母亲到温宿国，同一外道学者论难，初露锋
芒，声名鹊起，龟兹王将之迎归故国，为阿竭耶末帝公主开讲《方等
经》，开始宣扬大乘佛法。

363 年（东晋兴宁元年）　　在龟兹王宫受具足戒，跟随卑摩罗叉学习《十
诵律》；罗什母亲耆婆远走天竺，罗什于新寺侧故宫中得《放光经》。

364 年（东晋兴宁二年）　　在雀离寺读大乘经论，与老师盘头达多讨论经
义，使老师折服，信从大乘。

365 年（东晋兴宁三年，前秦建元十三年）　　前秦国王苻坚初闻鸠摩罗什
之名。

384 年（东晋太元九年）　　前秦大将吕光攻陷龟兹，俘获鸠摩罗什。在吕
光的逼迫诱骗下，罗什与龟兹王女成婚，破戒。

386 年（东晋太元十一年）　　吕光在凉州称帝，建立后凉。此后的十五年
中，鸠摩罗什在后凉京城姑臧做政治顾问。

387 年（东晋太元十二年，后凉太安二年）　　正月，罗什用观风预言的方

式提醒吕光预防部下叛乱，果然不久，梁谦及张掖太守彭晃相继造反，但很快就被平定。

397 年（东晋隆安元年，后凉龙飞二年）　张掖卢水胡人且渠男成与从弟且渠蒙逊起兵对抗后凉政权，吕光派遣庶子吕纂率五万精兵前往征讨，罗什建议暂缓用兵，吕光不纳。

401 年（东晋隆安五年，后秦弘始三年）　后秦姚兴出兵西伐吕凉，凉军大败，鸠摩罗什被邀于十二月二十日从凉州抵达长安，受到国师的礼遇。

402 年（东晋元兴元年，后秦弘始四年）　正月五日，在僧睿的协助下译《众家禅要》三卷。二月八日译《阿弥陀经》一卷。三月五日译《贤劫经》7 卷。盛夏于逍遥园的西门阁开始翻译《大智度论》。十二月一日译《思益梵天所问经》四卷，随后译《百论》。罗什的老师佛陀耶舍抵达姑臧。后秦大臣姚嵩写信向庐山慧远介绍了鸠摩罗什抵达长安译经的情况。

403 年（东晋元兴二年，后秦弘始五年）　在逍遥园开始翻译《大品般若经》。庐山慧远大师第一次写信并送法衣、法物等礼品给罗什，罗什回信，赠送输石和双口澡罐两件礼物给慧远。

404 年（东晋元兴三年，后秦弘始六年）　四月，将《大品般若经》校对完毕；十月十七日在弗若多罗的协助下，翻译《十诵律》，将近译成三分之二的时候，弗若多罗谢世，翻译工作停顿了下来；其后，应姚嵩的请求译《百论》二卷；慧远从法识和尚处听到鸠摩罗什打算回龟兹的消息，写信劝阻，并开始了长达十多年探讨经义的书信往来。

405 年（东晋义熙元年，后秦弘始七年）　六月十二日，译《佛藏经》四卷；十月，译《杂譬喻经》一卷；十二月二十七日，译《大智度论》一百卷的工作完成，历时五年。同年，又译出《菩萨藏经》三卷；秋天，昙摩流支到长安，同罗什共续译《十诵律》，成五十八卷。

406 年（东晋义熙二年，后秦弘始八年）　罗什从逍遥园搬迁到大寺居住。夏天在大寺译《法华经》八卷和《维摩诘经》，并译《华手经》十卷。

罗什老师卑罗摩叉抵达长安。

407 年（东晋义熙三年，后秦弘始九年）　闰月五日，重订《禅法要》；应姚显的请求翻译《自在王菩萨经》二卷，与昙摩耶舍、昙摩掘多译《舍利弗阿毗昙》。

408 年（东晋义熙四年，后秦弘始十年）　二月六日至四月三十日，译出《小品般若经》十卷。鸠摩罗什的老师佛陀耶舍抵达长安。

409 年（东晋义熙五年，后秦弘始十一年）　在大寺译出《中论》四卷、《十二门论》一卷。

410 年（东晋义熙六年，后秦弘始十二年）　罗什同老师佛陀耶舍一起译出《十住经》，佛陀耶舍在中寺开始翻译《四分律》。支法领从西域带来新经，不知何名，由罗什在大寺译出。佛驮跋陀罗被逐出长安，远走庐山。

411 年（东晋义熙七年，后秦弘始十三年）　九月八日，在弟子昙晷、昙影协助下，开始翻译《成实论》。

412 年（东晋义熙八年，后秦弘始十四年）　九月十五日，《成实论》十六卷翻译完成。佛陀耶舍译出《四分律》四十卷。

413 年（东晋义熙九年，后秦弘始十五年）　鸠摩罗什于四月十三日在大寺去世，在逍遥园外按西域、天竺僧人的丧仪火化，身体成灰而舌头不焦不烂。

主要著作

（一）译作：

1.《新大品经》二十四卷。

2.《新小品经》七卷。

3.《新法华经》七卷。

4.《新贤劫经》七卷，今阙。

5.《新维摩诘经》三卷。

6. 《新首楞严经》二卷。

7. 《十住经》五卷，罗什与佛陀耶舍共译出。

8. 《思益义经》四卷，或云《思益梵天问经》。

9. 《持世经》四卷。

10. 《自在王经》二卷。

11. 《佛藏经》三卷。

12. 《菩萨藏经》三卷，又名《富楼那问》，亦名《大悲心》，或为二卷。

13. 《称扬诸佛功德经》三卷，又名《集华》。

14. 《无量寿经》一卷。

15. 《弥勒下生经》一卷。

16. 《弥勒成佛经》一卷。

17. 《金刚般若经》一卷。

18. 《诸法无行经》一卷。

19. 《菩提经》一卷，或云《文殊师利问菩提经》。

20. 《遗教经》一卷，或云《佛垂般泥洹略说教戒经》。

21. 《十二因缘观经》一卷，今阙。

22. 《菩萨呵色欲经》一卷。

23. 《禅法要解》二卷，或云《禅要经》。

24. 《禅经》三卷，又名《菩萨禅法经》或《坐禅三昧经》。

25. 《杂譬喻经》一卷，比丘道略所集。

26. 《大智度论》一百卷。

27. 《成实论》十六卷。

28. 《十住论》十卷。

29. 《中论》四卷。

30. 《十二门论》一卷。

31. 《百论》二卷。

32. 《十诵律》六十一卷。

33. 《十诵比丘戒本》一卷。

34. 《禅法要》三卷。

（二）论著：

1.《实相论》二卷，已佚。

2.《注维摩诘经》，卷数不详，已佚。

3.《答秦主姚兴》，载《高僧传》卷六《释道恒》。

4.《答姚兴通三世论书》，载《广弘明集》卷二十一。

5.《答慧远书》，载《高僧传》卷六《释慧远》。

6.《大乘义章》二十卷，载《大正新修大藏经》第四十四册《论疏部五、诸宗部一》。

7.《赠法和》诗偈，载《高僧传》卷二《鸠摩罗什》。

8.《十喻诗》，收录在唐朝类书《艺文类聚》卷七十六。

9.《赠慧远》诗偈，载《高僧传》卷六《释慧远》。

参考书目

1. 汤用彤：《汉魏两晋南北朝佛教史》，北京大学出版社，1997 年。

2. 任继愈：《中国佛教史》第 2 卷，中国社会科学出版社，1982 年。

3. 尚永琪：《3—6 世纪佛教传播背景下北方社会群体研究》，科学出版社，2008 年。

4. 陆扬：《解读〈鸠摩罗什传〉：兼谈中国中古早期的佛教文化与史学》，载《中国学术》2006 年第 23 辑，商务印书馆，2006 年。

5. 余太山：《西域通史》，中州古籍出版社，2003 年。

6. 刘锡淦、陈良伟：《龟兹古国史》，新疆大学出版社，1992 年。

7. 龚斌：《慧远法师传》，江西人民出版社，2008 年。

8. 刘元春：《试论鸠摩罗什的大乘佛学思想》，《西域研究》1994 年第 4 期。

9. 桑荣：《鸠摩罗什研究概述》，《西域研究》1994 年第 4 期。

10. 张国领、裴孝增主编：《龟兹文化研究》，新疆人民出版社，2006 年。

11. 郑郁卿：《鸠摩罗什研究》，文津出版社，1989 年。